博雅国际汉语精品教材
北大版长期进修汉语教材

Boya Chinese
Reading and Writing (Advanced) II
博雅汉语读写·高级飞翔篇 II

李晓琪　主编
金舒年　张若玲　编著

图书在版编目(CIP)数据

博雅汉语读写·高级飞翔篇Ⅱ/金舒年,张若玲编著. —北京:北京大学出版社,2018.9
北大版长期进修汉语教材
ISBN 978-7-301-29724-7

Ⅰ.①博… Ⅱ.①金…②张… Ⅲ.①汉语—对外汉语教学—教材 Ⅳ.①H195.4

中国版本图书馆CIP数据核字(2018)第170947号

书　　名	博雅汉语读写·高级飞翔篇Ⅱ
	BOYA HANYU DUXIE·GAOJI FEIXIANG PIAN Ⅱ
著作责任者	金舒年　张若玲　编著
责任编辑	王禾雨　邓晓霞
标准书号	ISBN 978-7-301-29724-7
出版发行	北京大学出版社
地　　址	北京市海淀区成府路205号　100871
网　　址	http://www.pup.cn　　新浪微博:@北京大学出版社
电子信箱	zpup@pup.cn
电　　话	邮购部 010-62752015　发行部 010-62750672　编辑部 010-62753027
印　刷　者	北京大学印刷厂
经　销　者	新华书店
	889毫米×1194毫米　大16开本　13印张　267千字
	2018年9月第1版　2018年9月第1次印刷
定　　价	68.00元

未经许可,不得以任何方式复制或抄袭本书之部分或全部内容。
版权所有,侵权必究
举报电话:010-62752024　电子信箱:fd@pup.pku.edu.cn
图书如有印装质量问题,请与出版部联系,电话:010-62756370

前　言

"听说读写"四项技能是第二语言学习者必备的语言技能,全面掌握了这四项技能,就能够实现语言学习的最终目标——运用语言自由地进行交际。为实现这一目的,自20世纪中后期起,从事语言教学工作的教材编写者们在综合教材之外,分别编写听力教材、口语教材、阅读教材和写作教材,这对提高学习者的"听说读写"四项语言技能起到了至关重要的作用。不过,由于各教材之间缺乏总体设计,各位编者各自为政,产生的结果就是教材主题比较零散,词汇量和语言点数量偏多,重现率偏低。这直接影响到教学效果,也不符合第二语言学习规律和现代外语教学原则。本世纪以来,听说教材和读写教材开始出现,且以中级听说教材和中级读写教材为主,这是教材编写的新现象。

《博雅汉语》听说、读写系列教材突破已有教材编写的局限,根据语言教学和语言习得的基本原则,将听力教学和口语教学相结合,编写听说教材9册;将阅读教学和写作教学相结合,编写读写教材6册,定名为《博雅汉语》听说、读写系列教材。这是汉语教材编写的一次有益尝试。为保证教材的科学性和有效性,在编写之前,编者们多次研讨,为每册教材定性(教材的语言技能性质)、定位(教材的语言水平级别)和定量(教材的话题、词汇量和语言点),确保了教材设计的整体性和科学性,这符合现代外语教材编写思路和原则,也是本套教材编写必要性的集中体现。相信本套教材的出版,可为不同层次的学习者(从初级到高级)学习和掌握汉语的"听说""读写"技能提供切实的帮助,可为不同院校的"听说"课程和"读写"课程,提供突出语言功能的成系列的好用教材。

还要说明的是,早在2004年,北京大学对外汉语教育学院的一些教师已经陆续编写和出版了综合教材《博雅汉语》,共9册。该套教材十余年来受到使用者的普遍欢迎,并获得北京大学2016年优秀教材奖。2014年,该套教材根据使用者的需求进行了修订,目前修订工作已经全部完成。本次编写的《博雅汉语》听说、读写系列教材，与《博雅汉语》综合教材成龙配套，形成互补（听说9册与综合9册对应，读写分为初、中、高三个级别，也与《博雅汉语》对应，详见各册教材的说明）和多维度的立体结构。无论是从教材本身的体系来看，还是从出版的角度来说，同类系列汉语教材这样设计的还不多见，《博雅汉语》系列教材的出版开创了汉语教材的新局面。

教材的独特之处有以下几点：

1. 编写思路新，与国际先进教学理念接轨

随着中国国际地位的提高，世界各国、各地区学习汉语的人越来越多，对外汉语教学方兴未艾，编写合适的对外汉语系列教材是时代的呼唤。目前世界各地编写的对外汉语教材数量众多，但是很多教材缺乏理论指导，缺乏内在的有机联系，没有成龙配套，这不利于对外汉语教学的有效开展。国内外对外汉语教学界急需有第二语言教学最新理论指导的、有内在有机联系的、配套成龙的系列教材。本套系列教材正是在此需求下应运而生，它的独到之处主要体现在编写理念上。

第二语言的学习，在不同的学习阶段有不同的学习目标和特点，因此《博雅汉语》听说、读写系列教材的编写既遵循了汉语教材的一般性编写原则，也充分考虑到各阶段的特点，较好地体现了各自的特色和目标。两套教材侧重不同，分别突出听说教材的特色和读写教材的特色。前者注重听说能力的训练，在过去已有教材的基础上有新的突破；后者注重读写能力的训练，特别重视模仿能力的培养。茅盾先生说："模仿是创造的第一步。"行为主义心理学也提出"模仿"是人类学习不可逾越的阶段。这一思想始终贯穿于整套教材之中。说和写，都从模仿开始，模仿听的内容，模仿读的片段，通过模仿形成习惯，以达到掌握和创新。如读写教材，以阅读文本为基础，阅读后即引导学习者概括本段阅读的相关要素（话题、词语与句式），在此基础上再进行拓展性学习，引入与本本话题相关的词语和句式表达，使得阅读与写作有机地贯通起来，有目的、有计划、有步骤、有梯度地帮助学生进行阅读与写作的学习和训练。这一做法在目前的教材中还不多见。

2. 教材内容突出人类共通文化

语言是文化的载体，也是文化密不可分的一部分，语言受到文化的影响而直接反映文化。为在教材中全面体现中华文化的精髓，又突出人类的共通文化，本套教材在教学文本的选择上花了大力气。其中首当其冲的是话题的确定，从初级到高级采取不同方法。初级以围绕人类共通的日常生活话题（问候、介绍、饮食、旅行、购物、运动、娱乐等）为主，作者或自编，或改编，形成初级阶段的听或读的文本内容。中级阶段，编写者以独特的视角，从人们日常生活中的喜怒哀乐出发，逐渐将话题拓展到对人际、人生、大自然、环境、社会、习俗、文化等方面的深入思考，其中涉及到中国古今的不同，还讨论到东西文化的差异，视野开阔，见解深刻，使学习者在快乐的语言学习过程中，受到中国文化潜移默化的熏陶。高级阶段，以内容深刻、语言优美的原文为范文，重在体现人文精神、突出人类共通文化，让学习者凭借本阶段的学习，能够恰当地运用其中的词语和结构，能够自由的与交谈者交流自己的看法，能够自如地写下自己的观点和意见……最终能在汉语的天空中自由地飞翔。

3. 充分尊重语言学习规律

本套教材（听说教材和读写教材），从功能角度都独立成册、成系列，在教学上完全可以独立使用；但同时又与《博雅汉语》综合教材配套呈现，主要体现在三个方面：

1）同步教材（听说、读写），每课的话题与综合教材基本吻合；

2）每课的词汇量重合在30%—40%，初级阶段（听说1、2册）重合率达到80—90%；

3）语言知识点在重现的基础上有限拓展；

这样，初级阶段做到基本覆盖并重现《博雅汉语》综合教材的词语和语言点，中高级阶段，逐步加大难度，重点学习和训练表达任务与语言结构的联系和运用，与《博雅汉语》综合教材的内容形成互补循环。

配套呈现的作用是帮助学习者在不同的汉语水平阶段，各门课程所学习的语言知识（词语、句式）可以互补，同一话题的词语与句式在不同语境（"听说读写"）中可以重现，可以融会贯通，这对学习者认识语言，同步提高语言"听说读写"四项技能有直接的帮助。

4. 练习设置的多样性和趣味性

练习设计是教材编写中的重要一环，也是本教材不同于其他教材的特点之一。练习的设置除了遵循从机械性练习向交际练习过渡的基本原则外，还设置了较多的任务型练习，充分展示"做中学""练中学"的教学理念，使学习者在已有知识的基础上得到更深更广的收获。

还要特别强调的是，每课的教学内容也多以听说练习形式和阅读训练形式呈现，尽量减少教师的讲解，使得学习者在课堂上获得充分的新知识的输入与内化后的语言输出，以帮助学习者尽快掌握汉语"听说读写"技能。这也是本套教材的另一个明显特点。

此外，教材中还设置了综合练习和多种形式的拓展训练，这些练习有些超出本课听力和阅读所学内容，为的是让学习者在已有汉语水平的基础上自由发挥，有更大的提高。

综上，本套系列教材的总体设计起点高，视野广，既有全局观念，也关注每册的细节安排，并且注意学习和借鉴世界优秀第二语言学习教材的经验；参与本套系列教材的编写者均是具有丰富教学经验的优秀教师，多数已经在北京大学从事面向留学生的汉语教学工作超过20年，且有丰硕的科研成果。相信本套系列教材的出版将为正在世界范围内开展的汉语教学提供更大的方便，将进一步推动该领域的学科建设向纵深发展，为汉语教材的百花园增添一束具有鲜明特色的花朵。

衷心感谢北京大学出版社的领导和汉语室的各位编辑，是他们的鼓励和支持，促进了本套教材顺利立项（该套教材获2016年北京大学教材立项）和编写实施；是他们的辛勤耕作，保证了该套教材的设计时尚、大气，色彩与排版与时俱进，别具风格。在此代表全体编写者一并致谢！

李晓琪

于北京大学蓝旗营

使用说明

掌握一门语言，离不开听说读写四项基本技能。近年来，我们陆续修订了2004年出版的《博雅汉语·高级飞翔篇》，而这本书就是为了配合它而编写的。《博雅汉语读写·高级飞翔篇》（1、2册）所对应的是《博雅汉语·高级飞翔篇》的1、2、3册，适合中等水平以上（相当于HSK五、六级）的汉语学习者使用。

（一）

所谓的"对应"，具体是指以下几个方面：

第一，本书的编写宗旨和理念与《博雅汉语·高级飞翔篇》是一脉相承的。同样是以语篇理论和任务型教学法为宗旨和基础，本着重视社会责任、体现人文精神、突出人类共通文化的编写理念，以内容丰富深刻、语言典范优美又各具特色的原创作品为课文选择对象，注重所选语料的话题和体裁的多样性，并能够帮助学习者了解中国社会和中国文化。

第二，本书与《博雅汉语·高级飞翔篇》的课文话题具有相关性，都具有比较普遍的关注度，同时也能够起到相互延伸和补充的作用。在课文的编排上，我们既依据了先易后难、循序渐进的原则，同时也注意各种内容、各种体裁文章的穿插安排，力求让学习者感到丰富多彩，避免单一和乏味。同时，两套教材的话题具有相关性也更加方便词语的复现，有利于学习者牢固掌握所学词语。

第三，在选文方面，我们也延续了《博雅汉语·高级飞翔篇》的思路，主要选择中国作家的原创作品，为学习者提供原汁原味的精品。我们认为，学习一种语言的最高境界，是懂得并能够欣赏这种语言的美。而要做到这一点，必须要让学习者接触到用这种语言创作的优秀作品。只有让学习者充分感受和领悟到汉语的优美，他们才会自发地、兴致勃勃地去学习这种语言。也正是因为如此，我们担心人为的修改会破坏原文的韵味和风格,所以没有刻意地去控制每一课的词汇量,也不追求每课的生词量都一致。

第四,本书选取生词的标准与《博雅汉语·高级飞翔篇》接轨,并有30～40%的重合复现。鉴于目前还没有权威的词汇等级大纲,在词汇方面,我们还是以《汉语水平词汇与汉字等级大纲》为主要参考对象。第5册把丁级词和超纲词作为生词,第6册主要把丁级中比较难的词和超纲词作为生词,并主要根据《现代汉语词典》(第7版)、《应用汉语词典》和《现代汉语规范词典》用汉语进行释义。另外,我们也认为通过重复来加强记忆是语言学习的不二法则,所以词语的重合复现可以帮助学生及时复习并更牢固地掌握所学词语。

第五,继续强化"词语辨析"方面的知识和练习。在语言学习达到一定水平后,随着学习者词汇量的增加,需要也应该区别一些近义词的细微差别。针对学习者的这个特点,《博雅汉语·高级飞翔篇》中安排了"词语辨析"这个板块,本书延续这个做法,在每一篇阅读文章下面,都有关于词语辨析的练习,以引领学习者关注这个问题。

第六,在练习的设计上,本书也保持了《博雅汉语·高级飞翔篇》"大运动量"训练的传统,本着任务型教学法的原则,设计和安排了相当丰富的题型和练习,给使用者以充分的选择余地。

(二)

作为读写教材,本书与《博雅汉语·高级飞翔篇》的不同之处在于:

第一,以本书的两册对应《博雅汉语·高级飞翔篇》的三册,主要是考虑到在一般的学校里,读写课的课时安排都会少于综合课,如果读写教材的量与综合教材的量相同,势必会造成资源的浪费。另外,我们在两册书的难度安排上也有意加快了拉开档次的节奏,所以第二册最后几课的难度与《博雅汉语·高级飞翔篇Ⅲ》是基本一致的。

第二,在每课框架结构的设计和版面设计上,都体现出了读写教材的特色。本书每一课有两篇精品文章作为主要的阅读对象,为了方便阅读,我们把生词列在文章的右边,但是,把拼音放在文章中;在每一篇阅读文章的下面设计了阅读和写作练习,让学生边学习边练习,提高学习效率,也方便教师操作。为了给学有余力的学生提供更多的营养，我们在每一课的后面安排了"补充阅读和思考"，并设计了相应的练习，以期发挥更大的作用。

第三，在选文的语言风格上，本书比较侧重书面语体，可以让学习者充分领略汉语书面语的优美和不同的风格，也方便学习者学习和模仿，符合读写专项训练的要求。而在《博雅汉语·高级飞翔篇》中，作品的语言风格比较多样化，有的倾向于书面语，有的则比较倾向于口语。

第四，在练习题型的设计上，本书非常注意突出读写的特点。可以说，除了选文之外，练习的设计是我们花费时间精力最多的。考虑到"读"和"写"这两项技能一是输入、一是输出这一特点，我们在题型的设计上完全突破了《博雅汉语·高级飞翔篇》的模式，设计了更加实用的、有针对性的题型，兼顾到词语练习、阅读理解，以及在阅读基础上的输出。在"写作实战练习"这个板块，完全按照任务型教学法来设计，引导学习者通过完成一个接一个的任务，最后完成作文，并在内容上和写作上提出了尽可能清楚、明确的要求。我们认为这比传统的命题作文有更大的可控性，可以在很大程度上避免学生拿到题目无从下手，不知该写什么和怎么写的困惑。

第五，在"阅读"与"写作"如何衔接上，我们也进行了深入的思考。我们认为，如何处理"读"与"写"的关系，是读写教材的编写者首先应该考虑的。从语言学习的一般规律来看，输入总是会领先于输出的。而我们的课文都是经过几番挑选的精美之作，除了让学习者学习、欣赏之外，怎么跟我们的输出目标——"写"结合起来呢？首先，我们要求学习者必须真正读懂原文，准确把握文章的内涵；在这个基础上，我们考虑了三条途径：借用或延伸话题、表达看法和模仿其中的写作方法。同时，我们也总结了每篇原文在写作方法上的特点或精彩之处，方便学生在写作中学习模仿。我们希望并相信，通过这些练习，既可以让学生欣赏到原汁原味的、中国作家的原创作品，又可以不同程度地提高汉语写作水平。

（三）

为了最大限度地提高教材的使用效率，我们对本书的使用者提出如下建议：

1. 最好与《博雅汉语·高级飞翔篇》和《博雅汉语听说·高级飞翔篇》配合使用。这几套教材在教学方法和课程内容上各有侧重，但都注重话题的延伸和词汇的复现，可以帮助学习者更有效地掌握所学的内容。当然，本教材也可以与其他综合教材配合使用。

2. 在教学过程中要充分发挥教师的引领作用。有的老师也许会问，现在不是强调课堂要以学生为主体吗？其实这二者并不矛盾。所谓"引领作用"，打个比方来说，就是在理解课文内容时，教师要拉着学生的手往正确的道路上引导，避免学生理解得不准确、不到位。本教材所选的文章大部分都有比较丰富复杂的社会背景和文化背景，作为二语学习者，学生很难完全准确地把握和深入理解这些背景和内涵，所以教师起到引领作用就显得至关重要了。

3. 为了起到"引领作用"，教师要吃透教材，尤其是文章背景和内涵，还要不断充实自己的知识体系；既要有足够的中国历史文化底蕴，又要有全球化的视野和求同存异的宽容心态。只有这样，才能帮助学生准确理解课文，教学中出现跨文化交际障碍时，才能顺利化解。

4. 本教材的总量很充足，课文和练习都有选择的余地，建议教师根据课时和学生情况有选择地加以使用，不必一一完成。

5. 课堂操作方式灵活多样。我们是本着"好用"的原则来设计教材的板块的，但教师在实际操作中不必拘泥于教材的安排，可以采用灵活多样的教学方法来活跃课堂气氛，引发学习者的学习兴趣。

6. 要进行作文讲评。对于学生的作文，教师要进行有针对性的讲评。讲评可以分集体和个别两种形式，也可以根据课时灵活安排。

7. 我们也想给学习者提个建议。在信息爆炸的互联网时代，我们已经很难有进行深度阅读的机会了，这不能不说是一个很大的遗憾。这套教材给你们提供了一个这样的机会。如果想真正学好汉语，体会到汉语的优美，建议把自己喜欢的课文大声朗读几遍，你们一定会发现，在朗读第二遍、第三遍的时候，会对汉语产生一种奇妙的感觉。

最后我们想说的是，这两本书，从2008年年底酝酿编写，到现在终于付梓，可以说是十年磨一剑了，其中的辛苦自不必说。当然，作为教材，它肯定还有一些不能尽如人意的地方，诚挚欢迎使用者给我们提出宝贵意见和建议！

在这里，我们也要特别感谢教材中这些文章作者的支持，个别篇目因为多种原因，我们暂时无法跟作者取得联系。希望这些作者看到这本教材，及时跟我们取得联系，我们会按照相关的规定支付报酬。同时，也在这里向你们表示诚挚的感谢！

感谢北京大学出版社，为教材的出版提供了平台；感谢本书的责任编辑，你们的热心、耐心和责任心都是我们最好的榜样！

金舒年

写于2018年盛夏

目录

第1课 人生与哲理 ... 1
- 阅读（一） 从咖啡研磨生活哲学 ... 1
- 阅读（二） 人生即燃烧 ... 11
- 补充阅读与思考 修复功能 ... 20

第2课 人类与自然 ... 23
- 阅读（一） 听不懂的语言——解读动物的通信手段 ... 23
- 阅读（二） 十大狂想救地球 ... 30
- 补充阅读与思考 人体的六个"为什么" ... 40

第3课 时尚与青年 ... 44
- 阅读（一） "网客"新时代 ... 44
- 阅读（二） 人类越来越长不大了吗 ... 53
- 补充阅读与思考 冷门职业不完全手册 ... 63

第4课 社会与发展 ... 69
- 阅读（一） 正面是休闲，背面是匆忙——现代人的生活节奏 ... 69
- 阅读（二） 论代沟 ... 78
- 补充阅读与思考 匆忙休闲：休闲的异化 ... 89

第5课　运动与健康 ··· 92

阅读（一）　奥林匹克运动的终极价值 ························· 92

阅读（二）　如果没有病毒 ································· 102

补充阅读与思考　四种竞赛的本质 ··························· 111

第6课　历史与现实 ······································· 114

阅读（一）　一个王朝的背影 ······························· 114

阅读（二）　请不要遗址公园化 ····························· 124

补充阅读与思考　古人该长什么样儿 ························· 134

第7课　语言与文化 ······································· 137

阅读（一）　"节"的家族 ································· 137

阅读（二）　中西文明的差异性与互补性 ····················· 146

补充阅读与思考　中国俗语的理工科解释 ····················· 159

第8课　政治与经济 ······································· 163

阅读（一）　全球化中的中国利益 ··························· 163

阅读（二）　管理者先要管好自己 ··························· 172

补充阅读与思考　为何亿万富翁们难退休 ····················· 184

词汇表 ··· 187

第1课 人生与哲理

配套资源

阅读（一）

咖啡是很多人生活的必需品，是他们的最爱。当你在繁忙的工作之余啜（chuò）饮咖啡提神充电时，当你在闲暇时光与朋友围桌相对共享咖啡的浓香和美味时，你是否想过，咖啡与人生、与生活哲学的种种关系呢？

从咖啡研磨(yánmó)生活哲学

无论是选择三合一即溶（sānhéyī jíróng）①的快速简便，享受虹吸式（hóngxīshì）②酒精灯煮咖啡的过程，或是追求Espresso〔意大利浓缩（nóngsuō）咖啡〕又浓又苦的强烈感受，喝咖啡的口味绝对与生活哲学不谋而合（bùmóu'érhé）！

由于我自己也是个"不喝咖啡会死"的人，因此，我常常有机会观察一个人喝咖啡的口味和他的生活哲学之间的连带关系。

不管你是想更进一步认清自己，还是想更深一层了解别人，都不妨（bùfáng）从咖啡中研磨出一个人的生活哲学。

1. 研磨：用工具制成粉末，延伸为研究、细细品味。

2. 浓缩：通过某种方式使物体中不需要的部分减少。

3. 不谋而合：事先没有商量而双方想法或行动完全一致。

4. 不妨：可以这样做，没有什么妨碍。

喝即溶咖啡的实用派

通常喜欢喝咖啡的人，大概都不能忍受三合一即溶咖啡的过甜、过淡，以及完全没有咖啡的香味。只有在一种情况下才勉强可以接受，那就是想马上赶走瞌睡虫（kēshuìchóng）的时候。

一般来说，喝三合一即溶咖啡的人很少是为了"品尝"咖啡的香醇（xiāngchún），多半是为了"提神（tí shén）"的目的。

所以，喝三合一即溶咖啡者的生活态度，就像他选择的咖啡一样，属于"实用派"。他们无论做任何事情都希望能够"立刻看到结果"，至于结果完不完美，他们才不会那么关心，有时甚至会为了争取速度而牺牲品质。

我有个朋友就是三合一即溶咖啡的推广者，对他来说，时间就是金钱，一分一秒都必须花在刀口上，怎么可以把大好的光阴（guāngyīn）浪费在煮咖啡这种小事上呢？

如果你问他说："难道你不觉得三合一即溶咖啡过甜过淡，又没有香味吗？"

他会不以为然（bùyǐwéirán）地教训你："管他什么香不香，快又有效最重要！"

用虹吸式酒精灯的保守派

你看过虹吸式酒精灯煮咖啡的过程吗？

首先，要在底部容器装入煮沸的开水，再以小巧的酒精灯加热，然后插上装好滤纸（lǜzhǐ）③的漏斗（lòudǒu）④（上半部容器），再将香气四溢（yì）的研磨咖啡粉慢慢倒入漏斗中。

等底部容器中的开水沸腾后，立刻动作灵巧地将漏斗固定好。这个时候，滚滚的沸水便会往上直直冲入漏斗中，与咖啡进行一场水火相融（xiāngróng）的拥抱。

---

5. 瞌睡虫：传说中能使人睡着的虫子。
6. 香醇：（气味、滋味）香而纯正。
7. 提神：使精神兴奋。

8. 光阴：时间。

9. 不以为然：不认为是这样，表示不同意（多含轻视意）。

10. 溢：充满而流出来。

11. 相融：不同事物合成一体。

第 1 课　人生与哲理

趁着气氛正热，煮咖啡的人必须毫不犹豫地将浮上来的咖啡搅拌（jiǎobàn）一下，以免咖啡混浊（húnzhuó），香味流失。

约莫（yuēmo）让咖啡在漏斗中停留两三分钟的光景（guāngjǐng），即可静静地将火熄（xī）掉，咖啡液便会畅快地流至底部容器。

想想看，那个画面够优雅（yōuyǎ），够复杂吧！

就像虹吸式酒精灯煮咖啡的过程一样，喜欢喝这种咖啡的人多半也很坚持自己一贯（yíguàn）的做事方式。他们非常注重做事的"过程"，倘若过程让他觉得有瑕疵（xiácī），那就算结果圆满完成，他们依然无法接受。

不过，在这个变化快速的时代，如果太坚持自己一贯的做事方式，而不知随着时代的变化适时调整，那就很容易成为别人眼中冥顽不化（míngwán-búhuà）的保守分子。

喝 Espresso 的重金属派⑤

喜欢喝浓缩咖啡的人，无论做什么事都要轰轰烈烈（hōnghōng-lièliè）的，他们的感官需求似乎特别强烈，咖啡要喝最浓的，酒要喝最烈的，菜要吃最辣的，否则就不过瘾（guò yǐn）。

而为了追求轰轰烈烈、味道强烈的人生，他们经常从最少的资源中爆发出最大的力量。也因此，

12. 搅拌：用棍子等在混合物中转动，使均匀。

13. 混浊：（水、空气等）含有杂质，不清洁，不新鲜。

14. 约莫：大概、估计。

15. 光景：表示估计时间或数量（用在表时间或数量的词语后面）。

16. 熄：停止燃烧；灭（灯火）。

17. 优雅：优美高雅。

18. 一贯：（思想、作风等）一向如此，从未改变。

19. 瑕疵：微小的缺点。

20. 冥顽不化：形容人非常顽固，不通情达理。

21. 轰轰烈烈：形容气势很大，多形容事业、爱情等。

22. 过瘾：满足某种特别深的内心渴望，泛指满足爱好。

他们的脚步永远走得比别人快,生活亦(yì)过得比别人辛苦。

对他们来说,"人生"就像浓缩咖啡的味道一样,又浓又苦。

有个好友就是浓缩咖啡的爱好者,每次和他一起喝咖啡,我都无法想象,他如何能把那杯又黑又苦的不加糖或只加"微量"糖的咖啡喝进肚子里。

记得在学生时代,这个朋友每次只要一谈恋爱,都会跟我们一帮死党诉苦(sù kǔ)说:"怎么一点谈恋爱的'感觉'都没有?"

当时我们就笑他说:"你一定是琼瑶小说(Qióngyáo xiǎoshuō)⑥看太多了,才会以为恋爱的感觉一定要天旋地转(tiānxuán-dìzhuàn)、天昏地暗(tiānhūn-dì'àn)的!"

毕业之后,大家都各奔前程(gèbèn-qiánchéng),每次聚会,他又开始唉声叹气(āishēng-tànqì)地说:"怎么工作起来一点'兴奋'的感觉都没有?"

或许是人生太平淡无奇(píngdàn-wúqí)了吧,他才需要借着又浓又苦的咖啡来提高人生士气(shìqì)!

喝 Cappuccino 的享乐派

下面哪种情景,你觉得比较适合来一杯卡布其诺(Cappuccino)咖啡呢?

第一种情景——轻松自在地坐在咖啡馆里,点杯咖啡细细品尝。

23. 亦:〈书〉也(表示同样);也是。

24. 诉苦:向人诉说自己的痛苦。

25. 天旋地转:比喻重大的变化。

26. 天昏地暗:形容程度深;厉害。

27. 各奔前程:各自为前途去奋斗。

28. 唉声叹气:因伤心、烦闷或痛苦而发出叹息的声音。

29. 平淡无奇:(事物、文章等)平常;没有曲折。

30. 士气:军队的战斗意志,也泛指个人的斗争意志。

第二种情景——呵欠连天（hēqiàn lián tiān）地瘫（tān）在咖啡馆里，希望能立刻来杯咖啡提神。

我想，绝大多数的人都会选择第一种情景吧！

可别小看一杯小小的Cappuccino，里面的滋味（zīwèi）可多了，有肉桂⑦、干柠檬（níngméng）⑧片，以及鲜奶油混合咖啡的香味！

就像Cappuccino富含多种滋味一般，喜欢喝这种口味咖啡的人也希望人生能过得多彩多姿，让人回味无穷（huíwèi-wúqióng）！

我自己就是卡布其诺的爱好者，无论走到世界哪个角落，都会点杯香香浓浓的卡布其诺，边喝边浏览（liúlǎn）周遭（zhōuzāo）景物。我想，应该有不少卡布其诺的爱好者都和我抱有相同的生活哲学——人生以快乐为目的，既不想为工作牺牲一切，更不爱严肃度日，哪里好玩就往哪里去，绝对的享乐主义者。

用电咖啡壶的童子军⑨

在许多大办公室里，经常可以看到咖啡上瘾族用电咖啡壶煮一大壶咖啡，不但自己想喝的时候随时可以享用（xiǎngyòng），而且还能给其他跟自己

31. 呵欠连天：不停地打哈欠。
32. 瘫：（肢体）不能动弹。

33. 滋味：味道。

34. 回味无穷：在回忆中可以长久地体会。

35. 浏览：大致、粗略地看。
36. 周遭：四周；周围。

37. 享用：享受使用。

一起同甘共苦（tónggān-gòngkǔ）的伙伴们分享！

通常会将"好东西跟好朋友分享"的人，在别人需要他们的时候多半也会适时伸出援手（yuánshǒu），而不会见死不救。

回想多年前在美国游学时，就经常受到电咖啡壶族的热情照顾，每当我念书念到神智不清（shénzhì bù qīng）之时，就会有同学适时递上一杯咖啡，当时真的觉得对方是"日行一善"的童子军，心中充满无限的温暖与感激。

自己磨咖啡豆的独立派

喜欢自己磨咖啡豆的人：一般个性都很独立，在日常生活当中，他们几乎每件事都喜欢DIY（自己动手做），从粉刷（fěnshuā）墙壁、整理花园到修理汽车，他们都事必躬亲（shìbìgōngqīn），不喜欢假手（jiǎshǒu）他人。

而他们之所以如此努力干活，除了是为了享受DIY的乐趣外，最主要的原因是，他们觉得"只有自己可以把事情做好"，没有任何人可以取代他们，可说是天生的辛苦命，好在他们也任劳任怨（rènláo-rènyuàn），不会边做边骂。

没想到咖啡的影响力这么大吧？！它能为你的人生制造酸、甜、苦、涩（sè）各种不同的滋味！

（选自《交际与口才》2001年第10期，林萃芬）

---

38. 同甘共苦：共同享受幸福，共同担当艰苦。
39. 援手：伸出援手，指提供帮助。
40. 神智不清：头脑意识不清楚。
41. 粉刷：用涂料涂抹。
42. 事必躬亲：不管什么事一定亲自去做。
43. 假手：利用别人做某种事来达到自己的目的。
44. 任劳任怨：做事不辞劳苦，不怕别人埋怨。
45. 涩：使舌头感到麻木干燥的味道。

注释

① 三合一即溶咖啡：一种流行的简易咖啡饮料，主要由砂糖、脂类咖啡伴侣和咖啡组成，用开水冲泡即可饮用。又称：三合一速溶咖啡。
② 虹吸：siphon。

③ 滤纸：filter paper。
④ 漏斗：funnel。
⑤ 重金属派：重金属（Heavy Metal）原义是指密度大于 5g/cm³ 的金属，包括铜、铅、锌等。音乐方面有重金属音乐、重金属乐队等。重金属音乐是由"硬摇滚"（Hard Rock）演变过来的，主要乐器是电吉他、电贝司和鼓，击打很重，具有强烈的冲击力。本文借用此意。
⑥ 琼瑶小说：言情小说代名词。琼瑶（1938—），台湾当代女作家，言情小说代表作家。从 1963 年到 1984 年，创作了《窗外》《几度夕阳红》《烟雨濛濛》《在水一方》《月朦胧鸟朦胧》等 40 余部长篇小说。她的言情小说美化人生的爱情理想，故事情节曲折新奇、波澜起伏，语言具有浓郁诗意、雅俗共赏，拥有庞大的读者群。她的大量作品被拍成电影、电视剧。
⑦ 肉桂：cinnamon。
⑧ 柠檬：lemon。
⑨ 童子军：Boy Scout。1908 年创立于英国的一种少儿军体组织。常采用一种野外活动的训练方式，以培养青少年成为快乐健康有用的公民。目前全世界约有两亿五千多万名童子军。

练习　Exercises

一　根据下面句子的意思写出相应的词语

1. 使精神兴奋。　　　　　　　　　　　　　　　　（　　　）
2. 可以这样做，没有妨碍。　　　　　　　　　　　（　　　）
3. 共同享受幸福，共同担当艰苦。　　　　　　　　（　　　）
4. 不同的事物合成一体。　　　　　　　　　　　　（　　　）
5. 用棍子等在混合物中转动，使均匀。　　　　　　（　　　）
6. 满足爱好。　　　　　　　　　　　　　　　　　（　　　）
7. 时间。　　　　　　　　　　　　　　　　　　　（　　　）
8. 形容程度深；厉害。　　　　　　　　　　　　　（　　　）
9. 双方没有商量而看法或行动完全一致。　　　　　（　　　）
10. 不认为是对的，表示不同意。　　　　　　　　（　　　）
11. 做事不辞劳苦，不怕别人埋怨。　　　　　　　（　　　）
12. 比喻重大的变化。　　　　　　　　　　　　　（　　　）

二　下面这几组词语的意思相近或有联系，请查查词典，思考一下，然后把它们在词义和用法上的主要异同点填在下面的表格里。上课时，跟老师和同学讨论一下

1. 滋味——风味——味道

	滋味	风味	味道
相同点			
相异点			

2. 一贯——一向——一直

	一贯	一向	一直
相同点			
相异点			

3. 享用——享受

	享用	享受
相同点		
相异点		

第 1 课　人生与哲理

三　课文理解练习

1. 根据课文内容完成表格

不同的"派"	喜欢的咖啡	咖啡的特点	喜欢的原因和体现的生活哲学
实用派			
保守派			
重金属派			
享乐派			
分享派			
独立派			

2. 想一想，说一说

步骤一：小组讨论

每位同学在组内介绍上表中的一到两个派别。不要读课文，请尽量用自己的话说，并请使用 5 个以上本课的新词语。

步骤二：自由讨论

你喜欢喝咖啡吗？你觉得自己属于文章中说的哪一个类别？你觉得还有什么别的派别？你赞同作者对咖啡所反映的生活哲学的分析吗？你有什么补充或不同的看法？

四　写作实战练习

问题提示

本文作者林萃芬是台湾知名作家。这篇文章通过人们对不同咖啡的喜爱来分析人的性格、性情甚至人生哲学，读后可以使我们受到一些启发。其实在日常生活中，对于饮料、食物、服装、汽车、颜色……人们都有着各自不同的喜爱和选择。这种喜爱及选择有什么样的原因？反映了人们什么性格特点？体现出人们什么样的生活哲学？请观察一下身边的人，思考一下他们的爱好与他们的性格之间的关系。

写作提示

这篇文章的整体结构是并列式结构，把喜爱不同咖啡的派别用小标题的方式并行排列，介绍他们的特点和性格。所谓并列式结构，就是文章各大部分的内容没有主次轻重之分，并行排列。这种结构方式可以使文章的层次和内容显得非常清楚，使读者一目了然。在写下面的作文时，请模仿这种写作方法来安排文章的结构。

写作练习

步骤一：分组讨论

全班分组，每组确定一种事物，对上面"问题提示"中提到的问题进行思考、讨论。

我们组选择的事物是：＿＿＿＿＿＿＿＿＿＿＿＿＿＿＿＿＿＿＿＿＿＿＿＿

步骤二：讨论后列出大纲

人们对这种事物的不同选择及理由有：

（1）＿＿＿＿＿＿＿＿＿＿＿＿＿＿＿＿＿＿＿＿＿＿＿＿＿＿＿＿＿＿＿＿
＿＿＿＿＿＿＿＿＿＿＿＿＿＿＿＿＿＿＿＿＿＿＿＿＿＿＿＿＿＿＿＿＿＿

（2）＿＿＿＿＿＿＿＿＿＿＿＿＿＿＿＿＿＿＿＿＿＿＿＿＿＿＿＿＿＿＿＿
＿＿＿＿＿＿＿＿＿＿＿＿＿＿＿＿＿＿＿＿＿＿＿＿＿＿＿＿＿＿＿＿＿＿

（3）＿＿＿＿＿＿＿＿＿＿＿＿＿＿＿＿＿＿＿＿＿＿＿＿＿＿＿＿＿＿＿＿
＿＿＿＿＿＿＿＿＿＿＿＿＿＿＿＿＿＿＿＿＿＿＿＿＿＿＿＿＿＿＿＿＿＿

其他：
＿＿＿＿＿＿＿＿＿＿＿＿＿＿＿＿＿＿＿＿＿＿＿＿＿＿＿＿＿＿＿＿＿＿
＿＿＿＿＿＿＿＿＿＿＿＿＿＿＿＿＿＿＿＿＿＿＿＿＿＿＿＿＿＿＿＿＿＿

人们的选择反映出他们的性格特点和生活哲学是：

（1）＿＿＿＿＿＿＿＿＿＿＿＿＿＿＿＿＿＿＿＿＿＿＿＿＿＿＿＿＿＿＿＿

（2）＿＿＿＿＿＿＿＿＿＿＿＿＿＿＿＿＿＿＿＿＿＿＿＿＿＿＿＿＿＿＿＿

（3）＿＿＿＿＿＿＿＿＿＿＿＿＿＿＿＿＿＿＿＿＿＿＿＿＿＿＿＿＿＿＿＿

其他:
_____

步骤三：写作

具体要求：

1. 文章内容

  ① 选择一种事物来分析人们的个性和人生态度。
  ② 人们对这种事物的不同的选择以及理由。
  ③ 分析这些不同的选择说明他们所具有的不同的性格特点和生活哲学。
  ④ 写作者对以上情况的看法。

2. 写作方法

  ① 文体为夹叙夹议的散文。
  ② 按照内容的主次轻重，借鉴课文并列式结构的写法来完成文章。

3. 使用词语：在文章中至少使用8个本课所学的新词语。

4. 字数：800字左右。

步骤四：修改并定稿

  完成作文后请老师提出意见，再根据老师的意见进行修改，最后抄写到作文本或稿纸上，也可以输入电脑并打印出来。

阅读（二）

  我们每个人都会在这个世界上走过一段人生道路，而每个人的人生之路却是千差万别、各不相同的。你想过吗？人生的意义和价值究竟体现在哪里？我们应该如何看待人生？以什么样的态度来度过人生？这是一个重大的哲学命题，恐怕一时难以回答。我们先来看看作者是如何解读这个问题的。

人生即燃烧

从生命个体来说，我们能够支配的关键岁月不过那么几十年，然后再无第二次机会。对于人的一生来说，那就是机不可失，时不再来（jī bù kě shī, shí bú zài lái）。生命由于它的短暂和不可逆性（bùkěnìxìng）而弥足珍贵（mízú zhēnguì）且神奇美丽。虚度（xūdù）这样的生命，辜负这样的生命，是多么愚蠢！一个人丢了一百元人民币都会心痛，那么丢失了生命中有所作为的可能，不是更心痛吗？

在儿童时期，人们的差异并不太大，大家都在同一起跑线上。此后呢，差得就愈来愈远了。有的光阴虚度，深悔蹉跎（cuōtuó）；有的怨天尤人（yuàntiān-yóurén），闷闷不乐（mènmèn-búlè）；有的东跑西颠（dōngpǎo-xīdiān），一事无成（yíshì-wúchéng）；有的猥猥琐琐（wěiwěi-suǒsuǒ），窝窝囊囊（wōwo-nāngnāng）；有的胡作非为（húzuò-fēiwéi），头破血流……有几个人成功？有几个人满意？有几个人老后能够不叹息（tànxī）：少壮不努力，老大徒伤悲①！

而人生的不同的类型和不同的结局，大体上在青年时期就可以看出点端倪（duānní）来的。青年时代，谁不愿意投入生活、投入爱情、投入学习、投入事业、投入社会、投入人间？即使生活还相当艰难，爱情还隐隐约约，学习还道路漫长，社会还明明暗暗，人间还有许多不平，你也要尽力尽情（jìnqíng）尽兴（jìnxìng）尽一切可能，努力去争取到也应该争取到的，以使你能够得到智慧和光阴，得到成绩和价值。我并不笼统（lǒngtǒng）地赞成古人立大志

---

1. 机不可失，时不再来：机会、时间难得，不可错过。
2. 不可逆性：某事物或现象不具有可以反向进行的特性。
3. 弥足珍贵：更加宝贵。
4. 虚度：白白地度过。
5. 蹉跎：光阴白白地过去。
6. 怨天尤人：抱怨天，埋怨别人。形容对不如意的事情一味地把原因归结为外部环境。
7. 闷闷不乐：因有不如意的事而心里不开心。
8. 东跑西颠：形容到处奔走或为达到某个目的而到处活动。
9. 一事无成：连一件事情也没做成；什么事情都做不成。
10. 猥琐：（容貌、举动）庸俗不大方。
11. 窝囊：无能；怯懦。
12. 胡作非为：没有任何顾忌，任意行动。
13. 叹息：叹气。
14. 端倪：事情的眉目；头绪；边际。
15. 尽情：尽量由着自己的情感，不拘束。
16. 尽兴：兴趣得到尽可能满足。
17. 笼统：概括的，不具体，不明确。

（lì dà zhì）的说法，但你总应该希望自己对社会对他人对国家民族人类多做出一点贡献，至少是确实竭尽（jiéjìn）了全力，就是说至少是充分燃烧了，充分发了热发了光，充分享用了使用了弘扬（hóngyáng）了你的有生之年（yǒushēngzhīnián）。一个人就是一种能源，人的一生就是燃烧，就是能量的充分释放（shìfàng），能量应该发挥出来，燃烧愈充分愈好。从无光热，不燃而去，未免是一种遗憾；而刚一冒烟儿，就怠工（dài gōng）熄灭了，能不痛苦吗？

人生就是生命的一次燃烧，它可能发出绚丽（xuànlì）的光彩；可能发出巨大的热能，温暖无数人的心；他也可能光热有限，却也有一分热发一分光一分电，哪怕只是点亮一两个灯泡，也还照亮了自己和邻居的房屋，燃烧充分，不留遗憾。而如果你一直欲燃未燃，如果你受了潮（shòule cháo）或者发生了霉变（méibiàn），那就不但燃烧不好，而且留下大量的一氧化碳（yīyǎnghuàtàn）②与各种硫化物（liúhuàwù）③、碳化物（tànhuàwù）④，发出奇奇怪怪的噪音，带来对人类环境的污染，乃至（nǎizhì）成为社会的公害，这实在是非常非常遗憾的。

也许你不能留名青史（liúmíng qīngshǐ），但至少应该对得起自己这仅有的几十年；也许你未能立德立功立言⑤，但至少是充分发挥出了自己一生的能量；也许你的诸种努力未能奏效（zòu xiào），例如从事艺术创作但未能被社会所承认，经商却始终未能成功，从军（cóng jūn）但终于打了败仗，但是最后"结账（jié zhàng）"的那一天，你至少可以

18. 立大志：树立宏大的志愿。

19. 竭尽：用尽。

20. 弘扬：〈书〉发扬光大。

21. 有生之年：指人死亡之前的时间，活着的时候。

22. 释放：把所含的物质或能量放出来。

23. 怠工：有意地不积极工作，降低工作效率。

24. 绚丽：灿烂美丽。

25. 受潮：（物体）被湿气渗入。

26. 霉变：东西滋生细菌而变质。

27. 乃至：甚至。

28. 留名青史：在历史上留下好名声。青史：史书。也说：青史留名。

29. 奏效：发生预期的效果；见效。

30. 从军：参加军队。

31. 结账：结算账目。

说我已尽力了。你的失败如楚霸王垓下之败，非战之罪也（Chǔbàwáng Gāixià zhī bài, fēi zhàn zhī zuì yě）⑥。我始终不赞成以成败论英雄⑦，我也不能帮助读者乃至使自己招招皆胜（zhāozhāo-jiē shèng）。但是至少你心里应该有数（yǒushù），你是有志有作为（zuòwéi）而且选择了正确的道路，但终因条件不具备未能大获全胜呢，还是你上来就不成样子，无志气，无作为，不学习，不努力，意志薄弱，心胸狭窄（xiázhǎi），企图侥幸（jiǎoxìng），却又愤愤不平（fènfèn-bùpíng），终于一事无成？如果是前者，我愿向你致以悲壮（bēizhuàng）的敬意，我还愿意把你的故事写下来，让读者为之洒几滴清泪；如果是后者，谁能纠正，谁能弥补（míbǔ），谁能同情？

我的长篇小说《活动变人形》⑧中的主人公倪吾诚，在他的生命到了后期末期之时，他突然说："我的生活的黄金时代还没有开始呢。"这实在太恐怖了。一个人的成就有大有小，然而你应该尽力。尽力尽情尽兴尽一切可能了，这就是黄金时代，这就是人生的滋味，这就是人生的意义和价值，这就是辉煌，燃烧的辉煌，奉献（fèngxiàn）的辉煌。你尽了力，你就能享受到你尽力后的一切可能性，哪怕是"天亡我也，非战之罪也"的悲壮感和英雄主义。

32. 招招皆胜：每种办法、手段都取得胜利。
33. 有数：知道数目。指了解情况，有把握。
34. 作为：做出成绩。
35. 狭窄：（心胸、见识等）不宏大宽广。
36. 侥幸：由于偶然的原因而得到成功或免去灾害。
37. 愤愤不平：心中不服，为十分生气。
38. 悲壮：悲哀而壮烈。
39. 弥补：把不够的部分填足。
40. 奉献：对国家或公众做出有益的事；贡献。

第 1 课　人生与哲理

你享受到了尽力本身带来的乐趣，尽了力至少能得到一种充实感成就感，你也就赢得了，必然赢得了，首先不是别人，而是你自己的尊敬和满足。如果你是一枚（méi）炮弹，被尽力发射出去而且爆炸了，即使没有完全命中（mìngzhòng）目标，也是快乐的；你是一粒树种，落到了地上，吸足了水分养分，长成了树苗，长成了大树，即使没能长到更大就被雷击（léijī）所毁，你也可以感到某种骄傲，你的形象是一株树的最好的纪念碑，你的被毁至少是一次大雷雨的见证（jiànzhèng），是一个悲剧性的事件。人生是一个过程，是一个时间段，是一次能量释放过程，重在参与，重在投入，重在尽力。胜固可喜，败亦犹荣（shèng gù kě xǐ, bài yì yóu róng）⑨，只要尽了力，结账时的败者，流出的眼泪也是滚烫的、有分量的。而没有尽力，蹉跎而过的人，那可真是欲哭无泪（yùkū-wúlèi）了！

（选自《王蒙自述：我的人生哲学》2003 年，人民文学出版社，王蒙）

41. 枚：量词。多用于形体小的东西。
42. 命中：射中；打中（目标）。
43. 雷击：雷电发生时，强大电流杀伤或破坏（人、畜、树木或建筑物等）。
44. 见证：指证人或可以作证据的物品等。
45. 欲哭无泪：想哭却没有眼泪；哭不出来。表示无奈、后悔却没有办法等感受。

注释

① 少壮不努力，老大徒伤悲：出自《乐府诗集·长歌行》，意思是年轻力壮时不奋发努力，等到老了，悲伤也没用了。告诫人们珍惜青春，不要浪费时间。
② 一氧化碳：carbon monoxide, CO。
③ 硫化物：sulfide; sulphide。
④ 碳化物：carbide。
⑤ 立德立功立言：树立德业、建立功劳、树立可传颂的言论。
⑥ 楚霸王垓下之战，非战之罪也：楚霸王，指项羽（前232—前202），中国古代杰出军事家及著名政治人物。秦末随叔叔项梁发动起义，在巨鹿之战中大破秦军主力。秦亡后自立为西楚霸王，后同汉王刘邦进行了四年的楚汉战争，在垓下与刘邦决战，大败，项羽叹道："天亡我也，非战之罪也！"（是老天要我灭亡，不是我打仗不如别人）随后自刎而死。
⑦ 以成败论英雄：根据一个人是成功还是失败来评定他是否为英雄。

⑧《活动变人形》：王蒙的长篇小说，描述了20世纪的中国，一个大学教师的命运遭际。

⑨ 胜固可喜，败亦犹荣：胜利当然是让人欣喜的事情，但即使失败了，(只要尽了力，)也还是光荣的。

练习 Exercises

一 用指定词语改写句子

1. 人的生命是有限的，不要白白度过自己的一生。（虚度）

2. 他心里很有把握，凭自己公司的实力，在这次竞标中一定能获胜。（有数）

3. 他虽然聪明能干，很有才华，可惜意志软弱，一遇到困难就退缩不前，所以什么事都做不成。（一事无成）

4. 他想出种种办法，试图挽救破裂的婚姻，但没有起作用。（奏效）

5. 新的训练方法让运动员的潜力充分发挥出来。（释放）

6. 不要空洞含混地议论成功和失败，一定要具体情况具体分析。（笼统）

7. 他希望在自己活在世上的岁月里多做些有益于社会和他人的事。（有生之年）

8. 他的小说，往往三言两语就表现出人物的身份和心情，甚至内在的性格，有很高的艺术水平，受到广泛好评。（乃至）

9. 当然不应该以衣帽取人，但一个人的性格作风是可以从其穿着打扮看出些眉目的。（端倪）

10. 这些味美可口的蘑菇、香菇一类食用菌，就是微生物对人类的贡献。（奉献）

11. 天空中的云彩灿烂多姿，千变万化，常被人们称为"大自然的图画"。（绚丽）

第 1 课　人生与哲理

12. 中国的服装业者充分认识到推出中国服装名牌已到了刻不容缓的时刻。（机不可失，时不再来）
    _____

13. 有才干的人，一时得不到认可，不能发挥其才能，也无须抱怨，认真努力工作，最终一定会成功。（怨天尤人）
    _____

14. 公司里有的人明明业务水平有限，却通过走后门拉关系而青云直上，这让他感到非常气愤。（愤愤不平）
    _____

15. 手机、电脑、网络等技术不断提高，无论何时、何人、何地都可任意享用世界上的信息，并超越空间进行自由自在的交流。（尽情）
    _____

二　根据文章的内容，判断下面的句子是否正确

☐ 1. 因为具有短暂、不可逆性、一次性等特点，生命才显得更为美丽可贵。
☐ 2. 在课文中，"在同一起跑线上"的意思是比喻大家同时开始人生的比赛。
☐ 3. 对于人生，只有几个人能成功和满意，不用叹息。
☐ 4. 作者不赞成古人立大志的说法。
☐ 5. 作者认为，只有发出绚丽光彩、巨大热能，温暖无数人心的人生，才不留遗憾。
☐ 6. 作者愿意向那些虽未获胜但有志有为并选择了正确道路的人致敬。
☐ 7. 小说《活动变人形》中的主人公倪吾诚是一个令人恐怖的人。
☐ 8. 尽力本身就会有乐趣，就会得到成就感。
☐ 9. 在人生的过程中，重要的是能量释放，是参与、投入、尽力。
☐ 10. 同样尽了力，胜利肯定令人高兴，失败还是不光荣的。

三　根据文章内容，用指定的词语完成下面的段落。不要照抄课文，理解课文内容后，请尽量用自己的话来写

1. 作者是这样定义人生的：_____
   _____
   _____

   支配　短暂
   机不可失，时不再来
   弥足　虚度　辜负
   愚蠢

2. 作者把人生比喻为燃烧，他指出了"燃烧"的几种可能性：_____
_____
_____

> 释放　绚丽　有限
> 欲燃未燃　熄灭
> 乃至　遗憾

3. 作者对待成功与失败的态度是：_____
_____
_____

> 留名青史　奏效　结账
> 一事无成　弥补
> 致以……敬意

4. 作者以炮弹、树种为例论述了人生的意义和价值，请你复述一下：_____
_____
_____

> 辉煌　奉献　命中
> 见证　蹉跎
> 欲哭无泪

四　写作实战练习

问题提示

　　本文的作者王蒙，是中国当代著名的作家、学者。在这篇文章中，他表达了努力进取，有所作为的人生观。读后，你是否同意课文作者对人生的看法？怎么看待人生的意义和价值、成功与失败、过程与结局？希望自己度过一个什么样的人生、成为一个什么样的人呢？

写作提示

　　本文作者在论述自己的观点时运用了比喻和举例的写作方法。所谓比喻，是一种修辞方法，就是打比方，是用本质不同而又有相似点的事物来描绘事物或说明道理；所谓举例，是一种论证方法，就是列举确凿、充分、有代表性的事例来证明论点。请你在文章中找一找使用这两种写作方法的地方，然后完成下面的表格。

第1课　人生与哲理

写作练习

步骤一：分组讨论，并完成下表

课文作者在论述中使用了哪些比喻、事例？这些比喻和事例分别表达了作者什么样的思想或看法？

比喻 1：	所表达的思想或看法：
比喻 2：	所表达的思想或看法：
比喻 3：	所表达的思想或看法：
事例 1：	所表达的思想或看法：
事例 2：	所表达的思想或看法：
事例 3：	所表达的思想或看法：

步骤二：请用三句话概括这篇文章的内容

1. _____
2. _____
3. _____

步骤三：写作

具体要求：

1. 文章内容：

　①从上面概括出来的的三句话中，选择一个作为文章的主题。

　②是否同意这句话，以及原因是什么。

　③举出事例来说明自己的观点。

　④进行概括、总结，强调自己的观点。

2. 写作方法：
   ① 文体可以是抒情性的散文
   ② 借鉴课文中所使用比喻和举例的写作方法来完成文章。
3. 使用词语：在文章中至少使用8个本课所学的新词语。
4. 字数：800字左右。

步骤四：交换修改并定稿

完成作文后，在小组内朗读自己的文章，互相交流，为同学的文章提出修改建议，自己也根据同学建议进行修改，然后交给老师。

再根据老师的意见进行修改，抄写到作文本或稿纸上，也可以输入电脑打印出来。

补充阅读与思考

修复功能

蚯蚓（qiūyǐn）被截成几段，每一段又都能成为一条新的蚯蚓。壁虎断尾后，过些时候会长出一条新尾巴。螃蟹（pángxiè）的螯夹（áojiā）被毁后，也会再生出一个新螯夹来。生命的自我修复能力，是生命现象中最令人敬畏的一点。

生命越高级，自我修复能力就越退化吗？表面上看，似乎如此，但是，人之所以可称万物之灵，其实最重要的一点，恰是超强的自我修复能力。"伤筋动骨一百天"，说的就是人对筋骨的自我修复能力，通过一代又一代，一个例证又一个例证，人们从经验中总结出来的。2003年秋天，我忘记自己已逾（yú）花甲之年，为了采集野花，在京郊从大约两米高的坡上往下跳，顿时摔裂了右脚脚跟，去医院打了石膏以后，真是懊丧（àosàng）灰心，我今后还能正常行走吗？马来西亚方面的朋友来电话，问年底能否在吉隆坡欢聚？我觉得那完全没有可能了。但是，确确实实，伤后九十天我都还架着拐，第九十一天去除石膏，那脚还有点像从别人那里借来的，而到一百天时，全然没有了任何异样，俨然（yǎnrán）好脚一只。第一百零三天，我已活蹦乱跳地出现在吉隆坡，与朋友一起大嚼（jiáo）榴梿了。

自我修复能力，是人最重要的生存要素。就是得了所谓绝症，人也应该保持一种自我修复意识，当然医生、治疗、药品、养护都很重要，但是更重要的是人决心修复损坏的部分，先有信心，再加毅力，乐观豁达（huòdá），理智处置，往往会产生所谓的奇迹，原来的病灶，竟然大大萎缩（wěisuō）乃至消失，令医生称奇。自我修复的能力，源于自我修复的信念以及自我修复的程序和技巧。

生命肉体的修复是一个方面，生命灵性的修复则是更重要的一个方面。现在人们往往借助于心理医师，来从其分析劝诱（quànyòu）中获得解开心结的方法。其实关键还在于调动自我心灵修复力。心灵创伤和肉体创伤不一样，它无形而深邃（shēnsuì），自知而无法尽与人述，如何修复？我的生命流程所积累的经验是：不要过多依赖他人的分析引导，要珍视你心底里往往最难与人言的第一直感，从那个直感的原点出发，去进行自我倾诉（qīngsù）、自我抚慰、自我鼓励，达到首先不自弃，其次不怨天、不尤人，挺起脊梁（jǐliang）直面现实处境，扬所长，补不足，把自己的生命状态，修复到尽可能好的程度。我一生中至少经历了三次大的挫折，都使得心灵流血，但我至今仍有原创力，仍能在参与社会文化活动中产生出一定影响，关键就在于我发挥了自己的心灵自我修复能力。在边缘处，在静谧（jìngmì）处，在私密处，默默舐（shì）尽心灵创口的血痕，孕育（yùnyù）出新的思路，摸索出新的表达方式，再转而从适当角度切入社会，奉献一个公民的才思新见。

说得似乎有点玄虚（xuánxū）了。其实，修复能力完全可以体现在最平淡的日常生活里。我虽然堪称深居简出之人，偶尔也会邀一二位至多三位朋友，到家中小聚。一次两位年轻朋友到我郊区书房温榆斋（zhāi）做客，我任他们翻弄书架，又叫来送餐一起吃喝，聊一阵，看一阵光盘，更不断饮茶喝酒，我还宽容他们吸烟。他们告辞时，望着那被弄得凌乱不堪（língluàn bùkān）的景象，频频告罪致歉，我说其中也有我一份啊，你们来了就好，太无所谓！他们走了约半小时，忽然其中一位又找回来了，他忙乱中把自家钥匙掉在我屋里沙发缝中了。他进了屋大吃一惊："哇，怎么跟我们没来过一样，恢复得一丝不乱！"他算知道了我的脾气：事情一过，立即修复，回到原状，重头再来。我立刻把收拾屋子时发现的钥匙递给他，并不虚客套招呼他再坐，告诉他我已累了以后再见。当我坐到摇椅上养神时，周遭的环境完全修复到无客的"原生态"，真是怡然自得（yírán-zìdé）。

我的生活就是这样，不断地被良性改变或恶性破坏，但我总是迅即地将其修复到最习惯的状态，我的肉体我的心灵也总是在不断地消耗也不断地修复。生命的修复功能当然会逐步衰竭（shuāijié），当完全无法修复时，也就意味着一个句号的来临。我不畏惧那躲在前面暗处的句号，只要仍有一线可能，我就要享受生命修复功能带给我的尊严与欢愉。

（选自《北京晚报》2008年3月10日，刘心武）

一、读完全文，请你想一想、说一说

1. 请用一句话概括这篇文章的内容：
2. 关于生命肉体的修复，作者举出几种动物和自己（人）的事例，你还知道什么事例？
3. 对于生命灵性的修复，作者提出了哪些方法？请重新组织语言叙述一下。
4. 作者说"修复能力完全可以体现在最平淡的日常生活里"，你认同这句话吗？你对此有怎样的理解？

二、你同意或不同意这篇文章中的哪些观点？请结合自己和周围人的事例说说你的理由

第2课　人类与自然

配套资源

阅读（一）

在我们的这个大千世界中，生活着各种各样的动物，它们跟人类一样，是地球重要的组成部分，同时也是人类的伙伴。它们虽然不会说话，但却有着各自独特的交流和沟通的方法。相信下面的内容一定会让你感到惊奇。

听不懂的语言
——解读（jiědú）动物的通信手段

所谓"人有人言，兽有兽语"，如果将语言视为一种交流工具的话，那么毫无疑问，动物之间也存在着"语言"，而且这些"语言"比我们想象的要丰富得多！只不过有些动物在相互沟通（gōutōng）时，并非（bìngfēi）和人类一样采取声音或者手势作为通信方式。正因为动物之间的沟通和交流远远超出了"语言"所能涵盖（hángài）的范围，所以动物学家更乐意使用"通信行为"这一词汇。

化学通信：气味相投（qìwèi xiāngtóu）

若说到动物之间的沟通，有人难免（nánmiǎn）会想到宠物狗的"恶习"（èxí）：牵着小狗出

1. 解读：解释说明。

2. 沟通：使两方面连通，交流。

3. 并非：并不是。

4. 涵盖：包括；包容。

5. 气味相投：在文章中指动物互相熟悉对方身体的气味。
6. 难免：不容易避免。
7. 恶习：坏习惯。

门散步，它们四处闻来闻去，寻找各种电线杆（diànxiàngān）、树坑和墙角，抬腿撒尿（sā niào）。这当然怨不得（yuànbudé）小狗主人调教无方（tiáojiào wúfāng），因为包括狗在内的所有犬科动物（quǎnkē dòngwù）①都有这个"毛病"。

哺乳动物（bǔrǔ dòngwù）②使用尿液和粪便来"说话"是最普遍的现象了：狗用尿液彰显（zhāngxiǎn）自己的存在，其他同伴嗅一嗅就会知道留下标记的狗的性别、年龄、体型、"到此一游"的时间、下次见面的可能性；猫科动物（māokē dòngwù）③会喷尿到岩石、树干上；獾（huān）④可以用粪便标记自己的地盘（dìpán）。

利用排泄物（páixièwù）进行通信，可以归为"化学通信"的领域之中。除排泄物之外，以腺体（xiàntǐ）分泌物（fēnmìwù）来传递信息，在动物之中也比较普遍：大熊猫抬起屁股，后肢使劲扒着树干，将分泌物蹭（cèng）在树上；羚羊（língyáng）⑤将分泌物涂抹在灌木丛（guànmùcóng）或草丛之上。事实上，尿液的作用也可看作是利用腺体分泌物的一个特例。

动物用于进行化学通信的分泌物，被统称（tǒngchēng）为信息素，除了吸引异性和标注（biāozhù）领地之外，也可起到示警（shìjǐng）、号召同类聚集等作用。

接触通信：身体触碰的交流

猴子之间互相"挑虱子（shīzi）⑥"的情形，在动物园或者科普影视中，都是十分常见的吧！这种理毛行为就是接触通信——靠身体接触说话！灵

---

8. 电线杆：telegraph pole。
9. 撒尿：urinate。
10. 怨不得：不能责怪。
11. 调教无方：照料训练得不好。
12. 彰显：明显地表现出来。
13. 地盘：占用或控制的地方。
14. 排泄物：excreta。
15. 腺体：gland。
16. 分泌物：secretion。
17. 蹭：因摩擦而沾上。
18. 灌木丛：scrub。
19. 统称：总起来叫做。
20. 标注：标明；显示。
21. 示警：用某种动作或信号使人注意。

长类（língzhǎnglèi）⑦都有理毛行为，包括我们自己，有时也很乐意为好友、孩子梳头。梳理毛发的主要目的，并不是找虱子或是吃盐粒儿，而是一种超越语言形式的交流，传达彼此接受、友好或者顺从（shùncóng）的信息。灵长类间的肢体（zhītǐ）语言最多，它们互相倚靠、接吻、舔舌（tiǎn shé）、拥抱、轻轻抚摸或拍打，达到彼此间的交流和互通。

饲养在笼子中的虎皮鹦鹉（hǔpí yīngwǔ）⑧，经常向人展现彼此之间的"恩爱"：一对雌雄（cíxióng）虎皮鹦鹉经常相互倚靠在一起，时不时（shíbùshí）地总在接吻，好不（hǎobù）甜蜜！其实鸟与鸟之间的接吻、用喙（huì）梳理羽毛等接触，都是在表达自己的善意（shànyì）和友好。有些养鸟人为了"讨好（tǎohǎo）"宠物鸟，也会特意（tèyì）去挠（náo）鸟的头部，这时鸟大多会表现出惬意（qièyì）的模样——挠、梳理或者抚摸，是人类和宠物沟通的常用方式之一。

电通信：以电流为语言

"你电到我了！"这一逐渐流行开来的语言，实际表述（biǎoshù）的是对方的眼神或者气质（qìzhì），令自己有所触动（chùdòng）。若是归类，这里说的"电"应当算作视觉通信。而动物之间的电通信，用的可是实实在在的电流！这种通信方式只有一些特殊的动物才会选用，比如电鳗（diànmán）⑨。

22. 顺从：依照别人的意思，不违背。
23. 肢体：指身体的四肢和躯干。
24. 舔舌：文章中指动物的舌头互相接触。

25. 雌雄：female and male。
26. 时不时：经常。
27. 好不：表示程度深。
28. 喙：鸟兽的嘴，多指鸟类的嘴。
29. 讨好：迎合别人，取得别人的欢心或称赞。
30. 特意：专门。
31. 挠：（用手指）轻轻地抓。
32. 惬意：满意；舒服。

33. 表述：说明；述说。
34. 气质：指人的稳定的个性特点。
35. 触动：因某种刺激而引起（感情的变化、回忆等）。

用电流进行沟通,自然要有放电器官。电鳗的放电器官在尾部,可输出高达800伏特(fútè)⑩的电压,它们能够在身体周围制造电场(diànchǎng)⑪,感知附近的事物,并与同类进行交流。电鳗放电频率、放电时间、放电间隔(jiàngé)、电场强度等等的不同,都暗示(ànshì)着不同的"说话"内容。在谈情说爱(tánqíng-shuō'ài)的季节,雄性电鳗的放电频率明显增加,放电间隔变短,似乎在告诉异性:"我太兴奋了,来找我吧,我为你而尽情放电!"捕猎(bǔliè)的时候,电鳗会改变电量输出,以极高的频率和极大的电量放电,通知同伴前来聚餐。

(选自《博物》2008年第12期,张劲硕,有删节)

36. 间隔:事物在空间或时间上的距离。
37. 暗示:示意对方,但不让别人看出来。
38. 谈情说爱:男女之间诉说情爱。

39. 捕猎:捕捉;猎取。

注释

① 犬科动物:Canidae。
② 哺乳动物:mammal。
③ 猫科动物:Felidae。
④ 獾:Meles meles。
⑤ 羚羊:antelope。
⑥ 虱子:louse。
⑦ 灵长类:Primates。
⑧ 虎皮鹦鹉:budgerigar。
⑨ 电鳗:numbfish。
⑩ 伏特:volt。
⑪ 电场:electric field。

第 2 课　人类与自然

练习　Exercises

一　把左边的词语与右边相应的意思连接起来

远远	迎合别人
怨不得	把具有相同特点的事物归为一类
调教无方	指动物互相熟悉对方身体的气味
气味相投	照料训练得不好
顺从	尽量由着自己的情感，不加拘束
恶习	用含蓄的言语或示意的举动使人领会
讨好	强调程度很高或数量很多
归类	不能责怪
暗示	坏习惯
尽情	依照别人的意思，不违背

二　根据文章的内容，判断下面的句子是否正确

☐ 1. 动物学家把动物之间的交流"语言"称为"通信行为"。
☐ 2. 宠物狗到处撒尿是因为它们的主人调教无方。
☐ 3. 哺乳动物喜欢用尿液和粪便来表明自己的存在。
☐ 4. 一些动物将自己的分泌物蹭到别的物体上也是"接触通信"的一种。
☐ 5. 动物留下自己的信息素只是为了吸引异性和标注领地。
☐ 6. 猴子之间互相挑虱子是"接触通信"的一种。
☐ 7. 只有灵长类动物之间用"接触通信"的方式交流和互通。
☐ 8. 人类也可以用"接触通信"的方式跟宠物们沟通。
☐ 9. "你电到我了！"意思是你身上的静电传到了我身上。
☐ 10. 在谈情说爱的季节，雌性电鳗的放电频率会明显增加。

三 根据文章内容，用指定的词语完成下面的段落。不要照抄课文，理解课文内容后，请尽量用自己的话来写

1. 动物是这样运用"化学通信"的：_____
_____
_____
_____

使用……来"说话"
普遍　标记
归为传递　蹭

2. 动物身体的触碰是在表达：_____
_____
_____
_____

靠……说话　超越
彼此　顺从　肢体
互通

3. "以电流为语言"的意思是：_____
_____
_____
_____

电通讯　实实在在
尾部　输出　制造
感知　暗示

四 写作实战练习

问题提示

　　这是一篇科学普及方面的文章，介绍了几种动物在同类之间的交流方法。文中所提到的几种动物你都知道或者见过吗？根据你的知识，其他的动物在同类之间是如何交流感情和传递信息的？如果你不太清楚，可以上网查一下，然后再观察一下身边或动物园里的动物，看看是不是像资料中所说的那样。

写作提示

　　这篇文章介绍了几种动物的习性和交流方法，总体上属于说明文，所以作者所使用的写作方法基本也是以叙述为主。但是在叙述的同时，作者也很好地运用了描写的手法。所谓"描写"，就是用生动形象的语言，把人物、事物或景物的状态具体地描绘出来。描写手法的运用可以形象地再现自然景色、事物情状，描绘人物的形貌及内心世界。在这篇文章中，作者对动物的描写不仅非常生动形象，而且包含着作者对动物的喜爱和尊重之情。

　　另外，文章在描写动物时也使用了拟人的手法。所谓"拟人"，是一种修辞方法，就是把事物或动物人性化，使原本不是人的事物具有人类的感情和形象。

这样做不仅可以使所要表现的对象生动、形象，同时还能表达出作者对这个事物的思想感情。在文章中，这种方法无处不在，可以在老师的指导下寻找一下。

写作练习

步骤一：分组观察并记录

全班分为若干小组，每个小组观察一种身边的动物（或者动物园里的一种动物），仔细看一看它们的毛色、体型、动作、习性、情感表达方式及沟通方式等，并记录在下面：

动物名称：_____

毛色：_____

体型：_____

动作：_____

习性：_____

_____

情感表达：_____

_____

沟通方式：_____

_____

步骤二：分组讨论并补充

每位同学把记录下来的内容报告给小组成员，小组成员之间就"步骤一"中列出的几个方面互相交流、补充。

步骤三：写作

1. 文章内容：

   ① 所选择的一种动物。

   ② 它们的外观特征，包括毛色、体型、动作、习性等。

   ③ 它们互相之间交流、沟通的方式和情况。

   ④ 总结一下对以上情况的看法。

2. 写作方法：

   ① 文体是记叙文。

   ② 采用叙述加描写的方法来表现动物，也可以试着使用拟人的修辞手法，让文章更加生动有趣。

3. 使用词语：在文章至少使用 8 个本课所学的新词语。
4. 字数：800 字左右。

步骤四：修改并定稿

完成作文后请老师提出意见，再根据老师的意见进行修改，最后抄写到作文本或稿纸上，也可以输入电脑并打印出来。

阅读（二）

近年来，气候异常，沙漠扩大，物种减少。我们生活的环境在不知不觉之中产生了种种变化。作为地球上有着最高智慧的人类，我们对地球环境的恶化有着不可推卸的责任；而更加刻不容缓的是：拯救我们共同的家园——地球。正是出于这样一种急迫的心情，科学家的头脑中产生了以下十大狂想。

十大狂想（kuángxiǎng）救地球

地球变暖日益严重，到底有没有方法解决？有极端环保分子认为，人类最终会 自食其果（zìshí-qíguǒ）而灭亡；也有人认为所谓变暖只是 危言耸听（wēiyán-sǒngtīng），相信地球会自我调节，人类 无须（wúxū）庸人自扰（yōngrén-zìrǎo）。在这两种思想之间，一些知名科学家已开始研究 拯救（zhěngjiù）地球的办法，当中一些想法 堪称（kānchēng）疯狂。英国 Discovery 频道（píndào）最新介绍了 10 种救地球的疯狂方法。

1. 狂想：幻想。

2. 自食其果：指做了坏事，结果害了自己。
3. 危言耸听：故意说吓人的话使听的人吃惊。
4. 无须：不用；不必。
5. 庸人自扰：指本来没有问题而自己瞎着急或自找麻烦。
6. 拯救：救。
7. 堪称：可以称作；称得上。
8. 频道：channel。

第 2 课　人类与自然

沙漠镜子

　　许多科学家相信，如果将地球上的沙漠变成多面"巨大的镜子"，那么炽热（chìrè）的太阳光就会被反射（fǎnshè）回太空（tàikōng）中去。科学家因此建议，人类可以在撒哈拉（Sāhālā）①沙漠中120万平方英里（1英里约等于1.6公里）的土地上，花10年时间铺上反射性物质——譬如聚酯薄膜（jùzhǐ bómó）②，那么就能将更多的阳光反射回太空，从而使地球变得更凉快。但这一计划有个重大的缺陷（quēxiàn）：那就是人类必须生产出空前数量的聚酯薄膜，而生产过程本身就会向地球排放（páifàng）大量的二氧化碳（èryǎnghuàtàn）③。

　　计划成本：500亿英镑；可行性（kěxíngxìng）：10%。

太空阳伞

　　阻挡（zǔdǎng）太阳光可以防止全球变暖，科学家考虑使用硕大（shuòdà）的太空硅（guī）④反射镜来遮挡住太阳光。这一计划要求将数万亿片的超薄（chāobáo）硅镜发射到太空中，并用它们改变阳光的路线。美国亚利桑那（Yàlìsāngnà）⑤大学天文学家罗杰·安吉尔教授建议，当这些硅镜被送到太空后，它们可以组建（zǔjiàn）成一个10万平方英里的太空"遮阳伞"，从而将射向地球的阳光减少2%。

　　计划成本：50年内，每年花费700亿英镑；可行性：50%。

---

9. 炽热：极热。
10. 反射：reflect。
11. 太空：指宇宙空间。

12. 缺陷：不好的地方，不完美的地方。
13. 排放：排出，释放。

14. 可行性：实现的可能性。

15. 阻挡：阻止；拦住。
16. 硕大：非常大；巨大。

17. 超薄：特别薄。

18. 组建：组织并建立。

人工降温

英国爱丁堡（Àidīngbǎo）⑥大学科学家斯蒂芬·索特称，通过喷洒（pēnsǎ）盐分，可以人工改变天气。他建议向大西洋（Dàxī Yáng）⑦和太平洋（Tàipíng Yáng）⑧派出多艘无人驾驶的风力船，这些船吸进海水，并将海水以薄雾形状喷洒向空中。这一方法可以增厚云层的密度（mìdù），从而可以将4%的阳光反射回太空。索特称，人类只需往海洋上派出1500艘"造云船"，就可以阻止地球变暖。

计划成本：最少30亿英镑；可行性：30%。

"毯子"裹冰层

科学家警告，北极冰连续融化，将会使海平面（hǎipíngmiàn）上升，从而在全球引发大面积的洪水。诺贝尔奖（Nuòbèi'ěrjiǎng）⑨得主（dézhǔ）、美国科学家贾森·波克斯相信可以通过一种最简单的方法来防止冰层融化，那就是用巨大的毯子将它们盖住，不让它们照射（zhàoshè）到太阳光。事实上，阿尔卑斯山（Ā'ěrbēisī Shān）⑩一些滑雪胜地（shèngdì）为了防止积雪融化，已经在使用类似的方法。波克斯称，他发明了一种人造材料——用这种材料制成的"毯子"完全可以承受（chéngshòu）北极寒冷的气候。事实上，波克斯已经在实验他的理论，1万平方米的"特制毯子"已经被空运到了格陵兰岛（Gélínglán Dǎo）⑪，并被铺在了一个"融化区"上，不过长期的效果还有待（yǒudài）观察。

计划成本：单是格陵兰的融冰区就需2500亿英镑；可行性：40%。

---

19. 喷洒：喷射散落。

20. 密度：density。

21. 海平面：海水的表面。

22. 得主：得奖的人。

23. 照射：光线照在物体上。

24. 胜地：有名的风景优美的地方。

25. 承受：接受；禁受。

26. 有待：要等待。

空投种子植树

森林是二氧化碳的"消费大户（dàhù）"，美国科学家在实施一个雄心勃勃（xióngxīn-bóbó）的重植森林的计划，美国政府正在通过"空投法"重新栽植（zāizhí）树木——科研人员用飞机向地面空投了成千上万个小罐，每个小罐内都有种子，它们有希望在地面存活（cúnhuó）下来，并在将来长成参天大树（cāntiān dàshù）。

计划成本：每片树林1000万英镑；可行性：70%。

为地球搬家

既然全球变暖和太阳的照射有关，那人类为什么不能通过将地球推得距太阳更远的办法来让地球变凉快？这一科幻电影般的创意是由科学家在美国科学杂志《天体物理学（tiāntǐ wùlǐxué）⑫和太空科学》上提出来的，它的方法是借助（jièzhù）一颗小行星（xíngxīng）来改变地球的轨道。

这颗小行星一旦被找到，它将被用作"重力（zhònglì）弹弓（dàngōng）"，科学家将用火箭撞击这颗小行星。当这颗小行星贴近地球飞过时，由于重力影响，它会慢慢地推动地球，许多年后，地球就会离太阳越来越远。

计划成本：无价；可行性：0%。

吸碳绿藻（lǜzǎo）⑬

英国科学家发现，冰山融化后释放的铁粉粒子，导致海洋中的绿藻大面积繁衍（fányǎn），靠铁元素滋养（zīyǎng）的绿藻浮到海洋表面，通过

---

27. 大户：指在某一方面数量比较大的单位或个人。
28. 雄心勃勃：有远大的理想和抱负。
29. 栽植：把植物的幼苗种在土壤中。
30. 存活：多指生命受到威胁后生存下来。
31. 参天大树：指高耸到天空中的树木。
32. 借助：靠别的人或事物的帮助。
33. 行星：planet。
34. 重力：泛指任何天体吸引其他物体的力。
35. 弹弓：用弹力发射弹丸的弓。slingshot。
36. 繁衍：逐渐增多或增广。
37. 滋养：供给养分。

光合作用（guānghé zuòyòng）⑭大量吸收大气中的二氧化碳。一个由各国科学家组成的国际科研小组本月将进行一项惊人的科学实验，科学家们将从南非开普敦（Nánfēi Kāipǔdūn）⑮驾船出发，将数吨重的硫酸亚铁（liúsuānyàtiě）⑯粉尘一路"**播撒**"（bōsǎ）到南极，通过人工方法让绿藻大面积繁衍。如果这一方法能够成功，那么只需15艘油轮在10年间不停地向海洋中播撒铁粉粒子，繁殖出来的绿藻就能够吸收人类排放的所有二氧化碳。

计划成本：100亿英镑；可行性：80%

【其他三个狂想为：人造火山、工厂过滤器、水母农场。】

（选自《北京晚报》2009年1月11日，沈阳，有删节）

> 38. 播撒：把颗粒状的东西分散着扔出去。

注释

① 撒哈拉：Sahara。
② 聚酯薄膜：mylar。
③ 二氧化碳：CO_2。
④ 硅：silicon。
⑤ 亚利桑那：Arizona。
⑥ 爱丁堡：Edinburgh。
⑦ 大西洋：the Atlantic Ocean。
⑧ 太平洋：the Pacific Ocean。
⑨ 诺贝尔奖：the Nobel Prize。
⑩ 阿尔卑斯山：the Alps。
⑪ 格陵兰岛：Greenland。
⑫ 天体物理学：astrophysics。
⑬ 绿藻：chlorella。
⑭ 光合作用：photosynthesis。
⑮ 南非开普敦：Cape Town in South Africa。
⑯ 硫酸亚铁：ferrous sulphate。

第 2 课　人类与自然

练习　Exercises

一　根据下面句子的意思写出相应的词语

1. 指本来没有问题而自己瞎着急或自找麻烦。（　　　）
2. 有名的风景优美的地方。（　　　）
3. 指在某一方面数量比较大的单位或个人。（　　　）
4. 运动着的物体跟别的物体猛然碰上。（　　　）
5. 指做了坏事，结果害了自己。（　　　）
6. 指高耸到天空中的树木。（　　　）
7. 多指生命受到威胁后生存下来。（　　　）
8. 不完美的地方。（　　　）
9. 不用；不必。（　　　）
10. 有远大的理想和抱负。（　　　）
11. 故意说吓人的话使听的人吃惊。（　　　）
12. 靠别的人或事物的帮助。（　　　）

二　下面这几组词语的意思相近或有联系，请查查词典，思考一下，然后把它们在词义和用法上的主要异同点填在下面的表格里。上课时，跟老师和同学讨论一下

1. 最终——最后

	最终	最后
相同点		
相异点		

35

2. 阻挡——阻止

	阻挡	阻止
相同点		
相异点		

3. 胜地——圣地

	胜地	圣地
相同点		
相异点		

4. 雄心勃勃——雄心壮志

	雄心勃勃	雄心壮志
相同点		
相异点		

三 根据文章内容选择正确答案

1. "人类最终会自食其果而灭亡",这是:
   A. 所有环保人士的看法
   B. 极端环保分子的看法
   C. 有环保意识的人的看法

第 2 课　人类与自然

2. "地球不存在变暖的问题，因为它会自我调节"，这是：
　　A. 有些人的看法　　　B. 科学家的看法　　　C. 环保分子的看法

3. "沙漠镜子"的办法是：
　　A. 在沙漠里放上巨大的镜子
　　B. 在沙漠里铺上反射性物质
　　C. 向沙漠里排放二氧化碳

4. "太空阳伞"是说：
　　A. 将超薄硅镜发射到太空中来遮挡阳光
　　B. 改变太空中其他星球的路线来遮挡阳光
　　C. 在太空中放上巨大的阳伞来遮挡阳光

5. 科学家建议，向太平洋和大西洋派出风力船，将海水变成薄雾向空中喷洒，这样做可以：
　　A. 增加云层的厚度，阻挡太阳光
　　B. 把大部分太阳光反射回太空
　　C. 增厚云层的密度，降低温度

6. 科学家提出的阻止北极冰层融化的办法是：
　　A. 用特制的阳伞把北极挡住
　　B. 用特制的毯子把北极盖住
　　C. 用特制的种子为北极植树

7. "毯子裹冰层"这种做法：
　　A. 现在已经实施了
　　B. 现在还没有实施
　　C. 不可能实施

8. 之所以要空投种子植树，是因为：
　　A. 多种树可以使环境更加美丽
　　B. 这些树以后可以长成参天大树
　　C. 森林是二氧化碳的"消费大户"

9. "为地球搬家"的意思是说：
　　A. 把地球上的所有东西都搬到一个别的星球上去
　　B. 利用一颗小行星将地球推得距太阳更远
　　C. 发射一个火箭使地球移动到别的地方去

10. 用于吸收二氧化碳的绿藻是这样大面积产生的：
   A. 是在二氧化碳的滋养下大面积产生的
   B. 是在冰山的滋养下大面积产生的
   C. 是在铁粉粒子的滋养下大面积产生的

四 用指定的词语总结文章的内容，尽量使用自己的语言来组织语言

> 最终　　危言耸听　　拯救　　堪称　　狂想

1. 我认为这篇文章的主要内容是：＿＿＿＿＿＿＿＿＿＿＿＿＿＿＿
＿＿＿＿＿＿＿＿＿＿＿＿＿＿＿＿＿＿＿＿＿＿＿＿＿＿＿＿＿＿＿
＿＿＿＿＿＿＿＿＿＿＿＿＿＿＿＿＿＿＿＿＿＿＿＿＿＿＿＿＿＿＿
＿＿＿＿＿＿＿＿＿＿＿＿＿＿＿＿＿＿＿＿＿＿＿＿＿＿＿＿＿＿＿

2. 我最喜欢文章中的第（　　）个想法，因为：＿＿＿＿＿＿＿＿
＿＿＿＿＿＿＿＿＿＿＿＿＿＿＿＿＿＿＿＿＿＿＿＿＿＿＿＿＿＿＿
＿＿＿＿＿＿＿＿＿＿＿＿＿＿＿＿＿＿＿＿＿＿＿＿＿＿＿＿＿＿＿
＿＿＿＿＿＿＿＿＿＿＿＿＿＿＿＿＿＿＿＿＿＿＿＿＿＿＿＿＿＿＿

五 写作实战练习

问题提示

环境的恶化是生活在地球上的每个人都可以切身感受到的问题，因此环境问题始终是近年来全世界都关注的热点。在你看来，目前最严重的环境问题有哪些？是什么原因造成的？当环境与发展产生矛盾时，我们应该如何选择？我们又应该采取什么措施和方法去解决或者缓解目前的环境问题呢？你可以向课文中那些"狂想"的发明者学习，也发明一个甚至几个拯救地球的"狂想"。

写作提示

本文最主要的一个写作特点，就是想象和夸张。

所谓"想象"，是人类的一种心理活动，是指人对已经储存在头脑里的表象进行加工改造，形成新形象的心理过程。这种心理活动常常运用于文学艺术的创作过程中。这篇文章中，科学家们的每一个"狂想"都是运用了想象的结果。

在想象的基础上，科学家们还运用夸张的方法。所谓"夸张"，就是对客观

第 2 课　人类与自然

事物故意夸大其辞，以加深人们的印象。科学家们通过这些夸张的想象，来表达他们拯救地球的迫切愿望。全班同学一起找一找，看看文章里哪些地方是运用了"夸张"的手法？

写作练习

步骤一：完成下面的提纲

我所看到和听到的地球环境问题有：_____

我认为产生这些环境问题的原因是：_____

面对严重的环境问题，我认为每个国家应该采取这些措施：_____

每个人都应该这样做：_____

我也有一个拯救地球的"狂想"：_____

步骤二：讨论并补充

在小组内每个人说一说自己所写的内容，其他同学可以帮助补充和发挥，每人根据同学的意见对上面的提纲进行修改和补充。

步骤三：写作

具体要求：

1. 文章内容：

   ① 指出自己认为最严重的环境问题。
   ② 指出造成一些问题的主要原因。

③ 分析如何来解决这些问题。
④ 说出自己拯救地球的一个"狂想"。
2. 写作方法：
① 文体是夹叙夹议的散文。
② 课文中最明显的写作特点是运用了想象和夸张的写作手法。请在你的文章中充分发挥自己的想象力，想出改善地球环境的好创意，可以不必考虑是否真的能够实现，因为这是"狂想"。
3. 使用词语：在文章至少使用 8 个本课所学的新词语。
4. 字数：800 字左右。

步骤四：修改并定稿

完成作文后请老师提出意见，再根据老师的意见进行修改，最后抄写到作文本或稿纸上，也可以输入电脑并打印出来。

补充阅读与思考

人体的六个"为什么"

在日常生活中，人体有许多看似很简单的行为特征，但当你细细观察分析时，你会意识到你对人体的认识程度还有待于进一步深入。

为什么有时候笑到肚子痛

跑步和大笑是引起侧腹痛最常见的两大原因。两者至少有一个共同点：膈肌（géjī）运动。纽约贝斯以色列医学中心运动专家罗伯特·高特林解释说："当你大笑时，因吸入大量气体，双肺膨胀（péngzhàng），向下推挤膈肌；大笑的同时腹肌也是收缩的，会向上推挤膈肌。"当然，当你大喊大叫时也会出现这一状况。反复的推挤会导致膈肌肌肉痉挛（jīngluán），就是我们所说的腹痛。罗伯特说："有时大笑不止时，会觉得右胳膊和侧腹部都有疼痛感，那是因为支配膈肌的神经与支配右肩部的神经为同一神经的分支。"

所以，除了引起腹痛外，开怀大笑还可能被误以为心脏病发。我们可以通过大笑的间隙进行缓缓的深呼吸来尽量缓解膈肌的痉挛状态。另外,剧烈运动前,避免饮食过饱,过多饮食可使血液更多地进入消化系统。

为什么皮肤会起鸡皮疙瘩(gēda)

当人们感到寒冷或恐惧时,身体皮肤会隆起鸡皮疙瘩,鸡皮疙瘩的学名叫做"毛发直立",所有毛发根部的微小肌肉组织都会结合在一起,就如同在肉体上长出一个个小疙瘩。

人体皮肤鸡皮疙瘩的起源可追溯(zhuīsù)至远古人类时代,那时远古人类还长着一层厚毛发,像皮毛大衣一样。他们感到寒冷时,皮肤就出现鸡皮疙瘩,毛发就会变得蓬松(péngsōng),毛发之间的空气就相当于一个绝缘层(juéyuáncéng),对身体起到保温作用。此外,毛发直立也对掠食者或敌人起到威慑(wēishè)作用,比如当猫遇到狗时,就会毛发直立,弯起身子,有时会吓退狗。

为什么切洋葱时会流眼泪

当你切开一个洋葱将其组织细胞破坏时,其释放出的一种酶(méi)就会生成丙烷硫醛亚砜(bǐngwánliúquányàfēng)气体。一旦这些气体进入你的眼睛时,与眼泪接触就会产生轻微浓度的硫黄酸(liúhuángsuān)。这会对人体眼睛构成伤害性刺激,使大脑组织对眼睛中的泪腺发送信号,促使其形成更多的眼泪,便于将洋葱所产生的硫黄酸冲洗出来。因此,当你切洋葱时,切得越多,流的眼泪就越多。

美国威斯康辛大学麦迪逊分校园艺教授欧文·高曼博士说:"洋葱的化学反应是为了抵御害虫侵入而在进化中逐渐产生这种特殊酶。一种可以避免切洋葱时辣眼睛的方法是先将洋葱放入冰箱冷藏一下,这样会减缓洋葱中酶的释放过程,使洋葱对人体的刺激降低至最小,尽可能地少流眼泪。此外,这种特殊酶主要集中在洋葱的根部组织,如果晚些时间再切这个部位,将有效地减少眼泪的流出。"

为什么人们会喜极而泣

令专家们十分不理解的是:为什么哭与笑是同一心理反应的两个不

同表现形式?

美国马里兰大学巴尔的摩分校心理学家罗伯特·普罗温博士说:"哭与笑都是发生在高情绪表达状态下,包括两者的延迟效应,并不会完全消失,甚至两者之间会转化。"普罗温是《笑声:一项科学调查》一文的作者,他指出,我们总认为哭泣总伴随着难过的心情,但流泪却是一种非常复杂的人类情绪表达。迈阿密大学巴斯康帕默眼科医学院教授李·达夫恩说:"痛苦、悲伤、一些情况下的极度高兴等多种情绪都能引发哭泣,它只是我们的一种进化方式而已。"

你甚至能够发现你在大笑时会突然流泪,这时你应当感到庆幸,情绪能够表达出来就是不错的。这是因为欢笑和痛哭将减缓压力,或许这种释放能够抵消皮质醇(pízhìchún)和肾上腺素(shènshàngxiànsù)对身体的影响。

为什么关节会啪啪作响

人体最常见的关节类型就是可动关节,比如指关节和肩关节,这种关节是在一个关节囊(náng)中结合两块关节骨头,在关节囊中有一种叫做"滑液"的润滑剂物质,其中包含着可溶解气体。当你伸展你的关节时,你实际上是在挤压关节囊和其中的滑液,强迫含氮气体从滑液中挤出来。当关节囊释放气体时就会发出清脆的啪啪声。

一旦这些气体被释放出来,关节组织将变得柔韧(róurèn)一些。但或许你会注意到你不能对相同的关节再次制造出啪啪声。这是因为气体释放之后,关节囊必须重新吸收一些气体,这样的间隔需要15分钟—30分钟。

专家说,尽管指关节经常啪啪作响不会导致关节炎,但却能够降低手指的握力。

为什么人的眼皮经常会跳

在人们的生活中经常出现一种令人反感的现象,就是眼皮颤动,而大多数人并不知道眼皮颤动究竟是什么原因导致的。据统计,下眼睑(yǎnjiǎn)颤动的概率高于上眼睑,这可能是由于神经紧张而导致的。专家虽然知道疲劳、压力和饮用咖啡都会导致这种令人讨厌的颤抖现象发生，但他们很少知道营养不佳、饮酒过度和过敏也能使人出现眼皮颤动现象。

幸运的是，眼皮颤动一般都会自然停止。为了使眼皮跳动的现象停止，人们可以尽量减少饮用咖啡，让眼睛和整个身体得到充分休息。

（摘自《齐鲁晚报》2009年2月28日，乐天）

一、读完全文，请你想一想、说一说

1. 这六种现象在你身上发生过吗？
2. 文章中对六种现象的解释，你觉得哪一个说得最清楚？请用自己的话再复述一次。
3. 你有没有发现人体还有其他类似的现象？如果有，请上网找一找有关的资料，给大家解释一下。

二、除了以上问题，这篇文章还让你想到

第 3 课　时尚与青年

配套资源

阅读（一）

现如今，互联网已经与我们的生活水乳交融。在网络这个五花八门、丰富多彩的虚拟世界中，活跃着形形色色的网客。下面这篇文章中所介绍的只是近年来常见的几类网客，随着网络的不断发展，还会有更多的网客涌现出来。请你阅读后想一想，你的网络生活怎么样？你是哪种类型的"网客"？

"网客"新时代

博客、播客、威客、闪客等等，由数量庞大（pángdà）的网民组成的网络诸"客"自成一派（zìchéng-yípài），开创（kāichuàng）并继续着各自的"网客"生活，也衍生（yǎnshēng）出独特的"网客"文化。

博客：生活因此而改变

从 21 世纪初博客进入中国以来，已经迅速成为普通老百姓生活中的普通事物。深入寻常（xúncháng）百姓家，生活因此而改变，这是对中国目前博客发展状况最好的概括。

"博"龄多年的重庆市某大学研究生赵玲说，

---

1. 庞大：（形体、组织、数量等）很大（常含过大的意思）。
2. 自成一派：在某一领域、范围有自己独特的做法、见解等。
3. 开创：开始建立；创建。
4. 衍生：演变发生；产生。

5. 寻常：平常。

自己认识的人几乎都开了博客，不仅可以像写日记一样记录生活点滴(diǎndī)，也可以与朋友分享当时的心情与想法。"照片、音乐、文字，博客就像自己心灵的一片净土(jìngtǔ)，自由表达和记录让我们释放了情绪，不管是烦恼(fánnǎo)的还是快乐的"，赵玲说。

除了普通人记录普通生活，网络小说创作也是博客的主流之一。据统计，中国目前已有约2000万人进行网络博客写作，其中不乏藏龙卧虎(cánglóng-wòhǔ)之辈。从《第一次亲密接触》①《武林外传》②到发行量100余万册的玄幻小说(xuánhuàn xiǎoshuō)③《诛仙》，再到发表以来颇受关注的《病忘书》《特别内向：董事长日记》等，博客网络小说迎来了发展的黄金时代。

播客：想唱就唱，想演就演

想唱就唱，想演就演，播客们相信懂得自我欣赏的人更加快乐。

一台上网电脑、一部DV，连接好麦克风和耳机，下载一个音频(yīnpín)或视频(shìpín)编辑软件，将录制(lùzhì)或拍摄的内容上传到互联网上，你就成为一个播客了。播客(Podcasting)，由"ipod"和"broadcast"组合而成。网民借助一个名为"iPodder"的软件和MP3播放器④结合，将网上的广播节目下载到自己的播放器中随时收听，还可以自己制作音频节目上传。实际上，播客与博客的最大不同之处就是增加了视频功能，可以展现(zhǎnxiàn)歌曲、戏曲、乐器演奏等艺术形式，以及个人DV短片等多种视频信息，提供了更个性化展现自我的舞台。

---

6. 点滴：指零星的事物。

7. 净土：佛教用语。泛指没有受污染的干净地方。
8. 烦恼：烦闷苦恼。

9. 藏龙卧虎：比喻潜藏着人才。

10. 音频：audio frequency; AF。
11. 视频：video。
12. 录制：用录音机或录像机把声音或形象记录下来，形成某种作品。

13. 展现：显现出来。

为网民提供了音频、视频等更多个性化展示(zhǎnshì)功能的播客，正在成为"博客热"的"升级版"。国内视频播客网数量激增，很多播客运营商获得了大量风险投资⑤，以土豆网、中国广播网银河台为代表的一批播客网站新势力迅速崛起(juéqǐ)。

威客：好"点子(diǎnzi)"换回真"金子"

威客，英文名为Witkey，wit是智慧，key是钥匙。在网络时代，凭借(píngjiè)自己的创造能力在互联网上帮助别人，从而获得报酬的人就是威客。

在威客网上，个人和企业只需发布任务，公布任务期限和报酬，网上的威客们就会竞标(jìngbiāo)来争取任务。威客任务小到宠物(chǒngwù)取名，大到广告设计，应有尽有(yīngyǒu-jìnyǒu)，报酬也根据难度不同从几十元到上万元不等。一旦方案被发布方选中，威客可以得到报酬的80%，另外20%归威客网站所有。

威客运作(yùnzuò)很简单，首先到专业的威客网站上进行注册，拥有个人账户(zhànghù)。寻求帮助者可以提问并向网站支付奖金，然后从竞标的答案中选择最满意的，最后由网站按照百分比发放奖金。提供帮助者则通过查看网站公布的任务确定自己的目标问题，制作答案并提交，中标(zhòngbiāo)后收取奖金。由于互联网自身的随意性，许多自由职业者、学生等都开始用威客关系取代社会人脉关系⑥来赚取奖金（中标），从而免去了招揽(zhāolǎn)客户的环节。

威客孙巍(wēi)说，任何人都可以成为有偿(yǒucháng)提供创意的威客，资源和创意的共享

---

14. 展示：清楚地摆出来；明显地表现出来。

15. 崛起：兴起。

16. 点子：主意；办法。

17. 凭借：依靠。

18. 竞标：竞争标的。
19. 宠物：指家里养的小动物，如猫、狗等。
20. 应有尽有：应该有的全都有了，表示一切齐备。

21. 运作：（组织、机构等）进行工作；开展活动。
22. 账户：account。

23. 中标：投标得中。

24. 招揽：招引（顾客）。

25. 有偿：有代价的；有报酬的。

和供求（gōngqiú）关系造就（zàojiù）了千百万的威客。有关专家指出，威客的适合人群是有一定设计专长和创意能力，业余时间较多，熟悉网络交易运作和新生事物的人。

闪客：做自己的快乐动漫⑦

自1999年"边城浪子⑧"提出了"闪客"概念后，为观众制作提供有个性的、风格独特的Flash的制作人，即闪客，也如雨后春笋（yǔhòu-chūnsǔn）般冒出来。

重庆某高校在校学生徐放就是一名"闪客"，他的专业并非计算机，却自学Flash等软件，制作出了六七个Flash。

"我还只是个新手，还需要学习，不仅是软件方面，还有美工、位图⑨制作方面都要加强，才能做出真正很好的Flash。"徐放笑谈。

相比徐放，美女"哎呀呀"就是闪客中的资深（zīshēn）名人。真名孙雁（yàn）的"哎呀呀"自学成才，不仅成为"闪林四大天王"里唯一的女性，而且还创立了哎呀呀网络科技公司，为《地下铁》等电影和米其林⑩、施耐德（Shīnàidé）⑪等公司完成过Flash制作订单。

徐放说，像孙雁这样走上创业（chuàngyè）道路的人还是少数，大部分人还是抱着自娱自乐的心态（xīntài）在玩Flash，其实享受制作属于自己的动漫的过程就已经足够了。

26. 供求：供给和需求（多指商品）。
27. 造就：培养使有成就。
28. 雨后春笋：比喻新事物大量出现。
29. 资深：资历深或资格老。
30. 创业：创办事业。
31. 心态：心理状态。

各种各样的"网客"

据中国互联网信息中心的最新统计显示，中国网民数量达到4.2亿人。这也为种类繁多的各种网络之"客"提供了生存和成长的土壤，如在网络上共同联合起来，拿起法律武器与损害其利益者**对簿公堂**（duìbù-gōngtáng）的网络"**维权**（wéiquán）客"；以交换、易物、交友为目的，**变废为宝**（biànfèi-wéibǎo），享受资源**互惠**（hùhuì）的"换客"；印刷自己私人留存文字图片作品的"印客"等。

受访的有关专家表示，网络诸"客"的兴起深刻变革着互联网交流**模式**（móshì）和文化娱乐传播方式，也标志着中国互联网正在从商业化向社会化迈进。

（选自《瞭望》2007年第20期，张琴）

32. 对簿公堂：上法庭打官司。
33. 维权：保护权利。
34. 变废为宝：把没用的东西变成有用的。
35. 互惠：互相给予好处。

36. 模式：某种事物的标准形式或使人可以照着做的标准形式。

注释

① 《第一次亲密接触》：网络爱情小说，被视为中文网络文学的里程碑作品。作者痞子蔡，原名蔡智恒，1969年生，台湾著名网络小说作家，台湾成功大学水利工程博士。1998年发表该小说，掀起全球华文地区的"痞子蔡"热潮。小说讲述了网名叫做"痞子蔡"的男孩与网名叫做"轻舞飞扬"的女孩的网恋故事。

② 《武林外传》：是一部80集大型章回体古装电视喜剧，2005年7月录制完成。之后，同名网游推出。

③ 玄幻小说：近年来兴起的具有中国特色的幻想小说，混和奇幻、科幻、武侠等多重要素。与科幻小说、魔幻小说、奇幻小说并列为幻想小说四大种类。

④ 播放器：player。通常是指能播放以数字信号形式存储的视频或音频文件的软件，也指具有播放视频或音频文件功能的电子器件产品。

⑤ 风险投资：Risk Investment; Venture Capital Investment。指具备资金实力的投资家对具有专门技术并具备良好市场发展前景，但缺乏启动资金的创业家进行资助，帮助其圆创业梦，并承担创业阶段投资失败的风险的投资。

第3课 时尚与青年

⑥ 人脉关系：指以自己为中心，向外围散射的人际利益关系网络。

⑦ 动漫：动画和漫画的合称。

⑧ 边城浪子：著名闪客，Flash 网站"闪客帝国"创建者。1999年9月"闪客帝国"的诞生将"闪客"这一新名词带到网络上。

⑨ 位图：位图图像 (bitmap)，亦称为点阵图像或绘制图像，是一种电脑图像制作技术，由称作像素（图片元素）的单个点组成的。

⑩ 米其林：Michelin，公司总部在法国，主要业务是生产轮胎橡胶。

⑪ 施耐德：Schneider Electric，中文全称是施耐德电气公司。

练习　Exercises

一　把左边的词语与右边相应的意思连接起来

藏龙卧虎	招引
自成一派	比喻新事物大量出现
寻常	零星的事物
点滴	有报酬的
互惠	主意
招揽	培养使有成就
造就	互相给予好处
点子	平常
雨后春笋	依靠
应有尽有	一切齐备
有偿	有自己独特的见解做法
凭借	比喻潜藏着人才

二 下面这几组词语的意思相近或有联系，请查查词典，思考一下，然后把它们在词义和用法上的主要异同点填在下面的表格里。上课时，跟老师和同学讨论一下

1. 庞大——巨大——伟大

	庞大	巨大	伟大
相同点			
相异点			

2. 展现——展示——展出

	展现	展示	展出
相同点			
相异点			

3. 崛起——兴起

	崛起	兴起
相同点		
相异点		

第 3 课　时尚与青年

三　根据课文内容，用提示词语回答问题（可以采用分组讨论的形式，用口语表达）

1. 博客都写些什么？在中国，博客的发展状况是怎样的？

   _____
   _____
   _____

   > 记录　点滴　分享
   > 释放　创作　藏龙卧虎

2. 怎样就能成为播客？播客可以做些什么？

   _____
   _____

   > 音频　视频　下载
   > 上传　激增　崛起

3. 什么是威客？威客的运作方式是怎样的？

   _____
   _____
   _____

   > 凭借　报酬　竞标
   > 中标　应有尽有　造就

4. 什么是闪客？闪客制作动漫的目的是什么？

   _____
   _____
   _____
   _____

   > 雨后春笋　自娱自乐
   > 创业

四　写作实战练习

问题提示

　　本文详细介绍了几种活跃在网络上的主要的网客，同时还提到了维权客、换客、印客等。除此之外，你还知道有哪些类型的网客？他们有什么特点？如果你对网客的情况不太清楚，也可以到网络上查询一下。

　　你自己属于哪类网客？你的网络生活怎么样？你对于无处不在的网络生活、网络文化有什么看法？

写作提示

　　本文在介绍几种网客时主要采用的是说明的表达方式。作者有意识地把概说（概括说明）和解说（解释说明）结合在一起。概说就是把事物的共同特点归结起来，进行综述性的介绍，使读者在整体上把握事物的特点和情况；解说就是列举特定的人物、事例，以及资料、数据等来具体说明叙述中的内容，从而使文章内容更为丰富、充实、生动。请结合课文感受和分析一下。

写作练习

步骤一：分组讨论

分组，先自由讨论"问题提示"中的话题，每位同学都要发表意见。

步骤二：完成表格

在讨论的基础上，每组确定两到三种类型的网客，讨论、归纳总结并完成下面的表格

网客类型	特点	网络运作方式	列举人物、事例、数据等
1. _____客			
2. _____客			
3. _____客			

步骤三：写作报告

小组成员分工合作，根据上面表格的内容写出报告。

具体要求：

1. 文章内容：

    ① 选择两到三种"网客"，介绍他们的基本特点。

    ② 具体介绍他们在网络上的运作方式。

    ③ 列举具体的人物、事例、相关数据等。

    ④ 分析、总结，对这几类网客进行评论。

2. 写作方法：

    ① 这次的文体是报告。

    ② 主要运用说明的写作方法，把概说和解说结合起来，介绍网客的实际情况。

3. 使用词语：在文章至少使用8个本课所学的新词语。

4. 字数：800字左右。

步骤四：制作PPT，并在全班报告

完成报告后，组员分工合作，做成PPT，要求图文并茂，生动美观。

各组派代表或者几人合作，在全班演讲。

阅读（二）

受过高等教育，有谋生能力，却赋闲在家，无所事事；生理上成年了，但经济上仍未"断奶"，衣食住行还要依靠或半依靠父母……这些被称之为"啃老族"的年轻人的表现是如此的不可思议，而这竟然是现今世界范围内相当普遍的一种现象。产生这一社会问题的原因何在？本文从社会发展和经济学的角度对其进行了阐释。还有哪些方面的原因？又该如何解决这一问题？这些都值得我们认真思考。

人类越来越长不大了吗

遍布（biànbù）全球的"啃老族（kěnlǎozú）①"

在我们的印象中，发达国家的父母对孩子是非常"冷酷无情"（lěngkù-wúqíng）的：孩子长到18岁就被扫地出门（sǎodì-chūmén），家长一分钱不给。但是，如今美国人的家庭关系已经发生了变化。民意调查显示，大学毕业之后的几年内，孩子找父母要钱也不是什么丢人的事，成人期到26岁左右才真正开始。另外，一向认为"勤劳是国民义务"的日本人中也出现了越来越多的"啃老族"。进入21世纪以来，在经济高增长或生活水平高的国家和地区，18岁到25岁的年轻人越来越无力负担成人的责任。

这一切，都是为什么呢？

或许有人会认为，这一代人生活条件太优越了，所以缺乏奋斗精神，迟迟不能"断奶"。然而，这种解释实际上是经不起推敲的。今天的年轻人在成长过程中付出的努力、投入的教育成本，在很多方面要远远超过他们的父辈，之所以迟迟不能独立，还得从经济学的角度找原因。

高不成低不就（gāo bù chéng dī bú jiù）的时代

经济学家发现，在第二次世界大战过后的30年里，高收入和低收入阶层的收入增长率都差不多，每年在3%以下。但是，近30年高收入者的收入却越来越高。比方说，美国大企业的CEO，如今的薪水（xīnshuǐ）是普通工人的500倍，而在20世纪70年代则只有42倍。为什么会出现这一变化？

美国自南北战争后崛起，后来成为世界第一经

---

1. 遍布：到处都有，分布很广。
2. 冷酷无情：对人冷淡，不讲情面。
3. 扫地出门：赶出家门。

4. 高不成低不就：好的做不到，差的又不愿意做。没有合适的。

5. 薪水：工资。

济大国，优势在于大规模的制造业。20世纪50年代，美国货畅销（chàngxiāo）世界，当地工厂需要大量的产业工人。那时的高中生一毕业，就有工厂的工作等着他们，而且由于福利（fúlì）待遇优厚（yōuhòu），一个普通工人的工资足以养活一家人。但是自20世纪60年代以后，由于本土（běntǔ）制造业的成本上升，企业纷纷迁（qiān）出美国，寻找更廉价的劳动力，结果本土制造业的工作机会越来越少。

与此同时，企业不可避免地加入了全球性的竞争：一家轮胎（lúntāi）公司，以前只要在某一个州内称雄（chēng xióng）就能生存下来；可现在，它要么跻身全世界效率最高的生产商行列，要么就是倒闭——没有中间状态。和过去相比，市场范围宽广得多，竞争激烈得多，领导者决策（juécè）能力的细微差异，足以导致企业收入上的巨大差异。因此，CEO的重要性增加了，其薪水自然也就大幅度（fúdù）增长了。

事实上不但工人的职位缩水（suōshuǐ）、福利降低，就连那些有技术含量的工作也一样被历史车轮无情碾压（niǎnyā）。以美国税务（shuìwù）②咨询（zīxún）业为例，在20世纪70年代，该行业几乎完全由本地会计（kuàijì）控制。但是，随着技术进步，全国渐渐出现了许多税务咨询公司，大部分退税工作由少数专家指导就能完成，这些公司取代了本地会计。而现在，人们更是开始依靠电脑软件指导自己完成退税工作，软件公司也同样有效地排挤了竞争者。

面对这样的局面，美国人明白了：将来一切竞

6. 畅销：（货物）销路广，卖得快。
7. 福利：生活上的利益。特指对职工生活（食、宿、医疗等）的照顾。
8. 优厚：（待遇等）好。
9. 本土：原来的生长地。
10. 迁：迁移；离开原来的所在地而另换地点。

11. 轮胎：tyre。
12. 称雄：凭借强大的实力而占有统治地位。

13. 决策：决定策略或办法。

14. 幅度：比喻事物变动的大小。

15. 缩水：某些衣物等洗后收缩。比喻在原有基础上缩小、减少。
16. 碾压：滚压。
17. 咨询：征求意见。

18. 会计：accountant。

争都是全球性、高端化的。不仅当工人已经没有任何前途，甚至某些技术类的工作也没什么前途。于是，创造力、领导才能、艺术修养等综合素质，成了他们培养孩子的方向。孩子们上大学、当精英（jīngyīng）的意愿也要远远高于父辈。

但是，像企业CEO、工程师、律师、医生、明星之类的"精英职位"数量很少而且竞争异常激烈，常常一个职位有几十个人竞争。

全球化和高科技这两大巨兽吞噬（tūnshì）了大量低端职业，却没有给后来者留下足够多的高端职业，只给他们留下了高等教育的文凭和怀才不遇（huáicái-búyù）的苦闷。他们一方面无法从事自己心仪（xīnyí）的职业，另一方面也很难接受超市售货员、餐馆服务员等低端工作。这样一来，也就只能落得个"啃老"的尴尬（gāngà）境地。

孩子成了投资品

推迟年轻人成熟期的另一因素，同样是经济方面的问题——教育成本。在人类社会还没有被商品经济大规模渗透（shèntòu）的时候，养孩子的花费微乎其微（wēihūqíwēi）。但是现在，家庭养育孩子就像国家养活军队那样耗资巨大。指望孩子白手起家（báishǒu-qǐjiā），已经不现实了。

卡耐基（Kǎnàijī）③如果活在今天，还从当童工起家，他绝对不会获得当年那样的成功——教育关过不了，他根本进不了高层次（céngcì）的竞争，人家一看履历（lǚlì）就不要他。《财富》杂志收集了近1.5万份企业CEO的调查问卷④，结果显示，93%的CEO是大学毕业生。培养这些精英最多的是7所名校，如哈佛（Hāfó）⑤、耶鲁（Yēlǔ）⑥

---

19. 精英：能力超群的人，优秀人才。

20. 吞噬：吞食；并吞。

21. 怀才不遇：有才华但得不到重用，没有施展的机会。

22. 心仪：心中仰慕。

23. 尴尬：处境困难，不好处理。

24. 渗透：比喻一种事物或势力逐渐进入到其他方面。
25. 微乎其微：形容非常少或非常小。
26. 白手起家：形容没有基础或条件很差而创立起事业。

27. 层次：同一事物由于大小、高低等不同而形成的区别。
28. 履历：个人的经历；简历文件。

等。而根据我国前不久公布的数据，北大⑦、浙大（Zhèdà）⑧等名校毕业的亿万富翁最多。

正是由于高等教育存在着巨大回报（huíbào），所以，家长对子女的投入也就一浪高过一浪。前一阵网上有不少人招聘奶妈，有的雇主（gùzhǔ）提出的条件甚至涉及"身高、文凭〔海归⑨优先（yōuxiān）〕、相貌（xiàngmào）"等要素。但是，在100年前，即便是富可敌国（fùkědíguó）的贵族（guìzú）家庭，也没有这么苛刻（kēkè）的要求。《红楼梦》⑩里，贾宝玉（Jiǎ Bǎoyù）⑪的奶妈也不过是一位普通妇女。

对婴儿的投资就已经到了这般地步，可想而知，对于高中生、大学生的投入会到什么程度。美国的大学入学申请除了笔试成绩，还要求学生提交带有自传（zìzhuàn）性质的文章、参加过的社会活动等材料。所以，申请大学已经成了家长之间经济实力的比拼——从参加各种兴趣特长（tècháng）班，到海外学术旅行、申请大学咨询等，动辄（dòngzhé）砸下几万美元。巨额（jù'é）投入的结果，就是费用水涨船高（shuǐzhǎng-chuángāo），竞争也更加激烈。读完大学后本科文凭已经贬值（biǎnzhí）了，于是继续深造（shēnzào）……教育投资的费用越来越高，而学生的独立时间则越推越后。

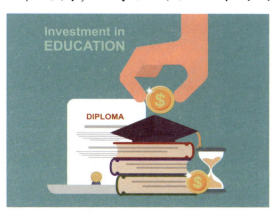

世界范围内的"啃老"现象、长不大现象，仿佛是高速发展的商业社会投下的一个阴影。全球化和高新技术，一方

29. 回报：报答；酬报。

30. 雇主：employer。

31. 优先：在待遇上占先。

32. 相貌：人的面部长的样子；容貌。

33. 富可敌国：个人财富能顶一个国家。

34. 贵族：上层统治阶级，享有特权。

35. 苛刻：（条件、要求等）过高，过于严厉。

36. 自传：记述自己的生平经历的书或文章。

37. 特长：特别擅长的技能或特有的工作经验。

38. 动辄：动不动就。

39. 巨额：很大的数量（指钱财）。

40. 水涨船高：比喻事物随着它所凭借的基础的提高而提高。

41. 贬值：泛指价值降低。

42. 深造：进一步学习以达到更高的程度。

面给我们带来了更合理的资源配置,给贫困地区的人们带来了更多的就业机会;另一方面,也使得经济发达国家和地区的部分年轻人陷入(xiànrù)高不成低不就的窘态(jiǒngtài)。而高等教育的普及,一方面提升了人们的整体素质,另一方面也造成了很大的浪费,因为市场无法消化这么多的高学历人才。另外,当家长对孩子的干预越来越多,当孩子的教育成了家长之间财力的竞争,学生的独立时间自然会"集体顺延(shùnyán)"。这些问题让我们不得不怀疑,是不是人类在每一次进步的同时,都得被迫接受一些讨厌的副产品(fùchǎnpǐn)?

（选自《大科技（百科新说）》2009年第03期,苏晓棠,有改动）

43. 陷入：落在（不利的境地）。
44. 窘态：十分为难时的神态。
45. 顺延：顺着次序向后延期。
46. 副产品：制造某种物品时附带产生的物品。

注释

① 啃老族：指有谋生能力,却主动放弃就业机会,靠父母供养的年轻人。也叫"吃老族"或"傍老族"。社会学家称之为"新失业群体"。
② 税务：关于税收的工作。
③ 卡耐基：戴尔·卡耐基（Dale Carnegie,1888—1955）,美国著名的人际关系学大师,西方现代人际关系教育的奠基人。代表作品有《人性的弱点》等。创立卡耐基训练,教导人们人际沟通及处理压力的技巧。
④ 问卷：列有若干问题让人回答的书面调查材料,目的在于了解人们对这些问题的看法。
⑤ 哈佛：Harvard University。
⑥ 耶鲁：Yale University。
⑦ 北大：北京大学的简称。
⑧ 浙大：浙江大学的简称。
⑨ 海归：指海外留学或工作后回国创业或求职的人员,谐音为"海龟（guī）"。
⑩《红楼梦》：中国古代四大名著之一,作者是清代的曹雪芹。
⑪ 贾宝玉：中国古典小说《红楼梦》主要人物。生长在封建贵族家庭,是封建社会的叛逆者。

第3课　时尚与青年

练习　Exercises

一　选词填空

畅销　贬值　回报　陷入　优厚　动辄　水涨船高
优先　尴尬　跻身　遍布　决策　苛刻　微乎其微

1. 中国政府一直把儿童教育置于整个教育事业发展的（　　　　）地位。
2. 石油被称为现代社会的生命线，一旦石油来源被切断，城市的工业、交通等就会（　　　　）瘫痪。
3. 由于工人工资、各种生产运营费用不断上涨，不少产业公司外迁到条件更（　　　　）的小城市。
4. 硕士学历的大量供给，必然导致它在市场上的进一步（　　　　），许多用人单位给予硕士和本科生的薪酬待遇几乎没有区别。
5. 美国片除了好看而受欢迎外，其录像带和DVD影碟上市速度快也是（　　　　）的主要原因。
6. 今天的胜利可以说是对他们不懈努力和追求的最好（　　　　）。
7. 由于公司领导（　　　　）失误、经营不善，公司今年的销售业绩大大下滑。
8. 去年的销售收入达到13.2亿元，用户总数约1380万，中国已（　　　　）世界最大的网络游戏市场。
9. 目前，中国668个城市中有400多个面临缺水的（　　　　），包括北京、天津在内的100多个城市已经进入严重缺水时代。
10. 如果世界陷入暴力和冲突之中，那么实现社会发展目标的机会将（　　　　）。
11. 北京近年来悄悄出现了许多"地铁歌手"，他们（　　　　）地铁通道和各大商业区的地下通道。
12. "名校效应"这几年在国内大学生就业市场上日趋明显，名校因为毕业生就业选择机会多，入校门槛相应（　　　　）。
13. 在有些企业抱怨招工难的同时，不少待业工人则批评一些企业招工条件（　　　　）。
14. 现在书价昂贵，一本两百来页的图书价格（　　　　）百元。因此，在书店里看书的远比买书的人多。

二 根据文章内容选择正确答案

1. "孩子长到18岁就被扫地出门",意思是:
   A. 让18岁的孩子出去清扫院子
   B. 孩子18岁就独立生活
   C. 父母和18岁孩子脱离关系

2. 生活条件太优越,就缺乏奋斗精神,迟迟不能"断奶",是谁的看法?
   A. 作者
   B. 有些人
   C. 这一代人

3. 美国本土制造业成本上升,企业纷纷迁出,寻找更廉价的劳动力,时间是:
   A. 南北战争后
   B. 20世纪50年代
   C. 20世纪60年代后

4. 在全球性竞争的今天,对于一家轮胎公司来说,哪条路是不可能的?
   A. 只在某一个州内称雄
   B. 跻身世界效率最高的生产商行列
   C. 倒闭

5. 那些有技术含量的工作也好不到哪去,"好不到哪去"的意思是:
   A. 好一些
   B. 差不多
   C. 哪里好

6. "怀才不遇"的意思是:
   A. 希望有别人没有的才能
   B. 怀疑自己遇不到才能
   C. 有才能没有机会展现

7. "对婴儿的投资就已经到了这般地步,可想而知,对于高中生、大学生的投入会到什么程度。"意思是:
   A. 对高中生、大学生的投入远远超过婴儿
   B. 对高中生、大学生的投入远不如婴儿
   C. 对高中生、大学生的投入不知会到什么程度

第 3 课　时尚与青年

8. "这些问题让我们不得不怀疑,是不是人类在每一次进步的同时,都得被迫接受一些讨厌的副产品?"作者的态度是:
   A. 怀疑
   B. 生气
   C. 无奈

三 根据文章内容,用指定的词语完成下面的段落。请不要照抄课文,清楚地理解课文内容后,尽量用自己的话来写

1. 美国大企业 CEO 和普通工人收入增长率产生巨大变化的原因是:_____
_____
_____

崛起　畅销　优厚
足以　跻身　决策
差异　幅度　缩水

2. 对于年轻一代来说,这是个高不成低不就的时代:_____
_____
_____

低端　高端　素质
文凭　精英　怀才不遇
吞噬　尴尬

3. 推迟年轻人成熟期的另一个因素是教育成本巨大:_____
_____
_____
_____
_____

微乎其微　白手起家
耗资　回报　涉及
优先　苛刻　动辄
一浪高过一浪
水涨船高　贬值

4. 全球化、高科技以及高等教育的普及给我们带来了:_____
_____
_____
_____

就业　陷入　素质
浪费　干预　顺延

61

四 写作实战练习

问题提示

　　本文以社会和经济的视角，从职业收入福利的不同、教育成本和回报的变化这两个层面解析了世界范围内"啃老"现象产生的原因。你同意作者的看法吗？你有什么补充、修正或反对的意见？

　　你认为出现"啃老"这一社会问题除了经济方面的原因，还有哪些方面的原因？（比如：学校教育、家庭教育、网络发展、国家政策、年轻人自身的原因……）

写作提示

　　作者在论述自己的观点时大量运用了对比的写作方法，比如不同年代、不同职业、高收入低收入、教育成本等等的对比，使事实更加鲜明，观点更加清晰。所谓对比，是一种修辞手法，就是把两个相对或相反的事物，或者一个事物的两个不同方面并举出来，进行相互比较。通过对比，可以使事物的特点更加鲜明突出，文章的结论也更有说服力。

写作练习

步骤一：分组讨论

根据"问题提示"，分组讨论，畅所欲言。

步骤二：在讨论的基础上完成大纲

关于"啃老"现象及产生的原因，我们的观点是：_____
_____
_____

我们的理由和例证有（在举出例证时，要使用对比的修辞方法）：

（1）_____
_____

（2）_____
_____

（3）_____
_____

其他：
_____
_____

我们的结论是：
_____
_____

步骤三：写作

具体要求：

1. 文章内容：

　　① 说出社会上"啃老"现象的实际情况。

　　② 分析产生这种现象的几个主要原因。

　　③ 同时指出之所以这样认为的理由并举出若干例证。

　　④ 总结文章内容，进一步强调自己的观点。

2. 写作方法：

　　① 本次文章的文体是议论文。

　　② 采用对比的修辞手法来突出事物的特点，加强观点的说服力。

3. 使用词语：在文章至少使用8个本课所学的新词语。

4. 字数：800字左右。

步骤四：修改并定稿

　　完成作文后请老师提出意见，再根据老师的意见进行修改，最后抄写到作文本或稿纸上，也可以输入电脑并打印出来。

补充阅读与思考

冷门职业不完全手册

　　本月初，英国南极科考站在网上贴出一则招聘启事——他们急需一名水暖工，开出的条件是：年薪2.2万英镑（约合3.9万美元），食宿免费，没有电视和夜生活，任期18个月。2.2万英镑在英国也就相当于一个蓝领工人的收入水平，既然如此，何必非要到南极当这个水暖工呢？

大概科考站工作人员也觉得这个工作没什么诱惑力，于是在招聘广告里又找补了几句：这是个令人感兴趣的机会。你能在别处找到周围尽是企鹅、海豹和冰山的工作吗？这里的休闲方式也很丰富，可以散步、滑雪，还能学习外语。为一群致力于阻止全球变暖的科学家送温暖，你一定会感到骄傲……如果不出意外的话，南极水暖工可以摘得英国本年度最冷职业的头衔了。

当然，如果放眼全球的话，比它冷的工作有的是，不过这个冷和气候无关，而是"冷门"的"冷"。

我们为大家搜罗了全球10个冷门职业，它们不一定最"冷"，也不具有权威性，姑且就把它当成一个指导就业新思路的不完全手册看好了。

芭比娃娃时装设计师

娃娃也有专属的时装设计师？显然，答案在时尚元素无孔不入的今天已经毫无悬念了。像Mattel、Bratz、American Girl和Madame Alexander这样的玩具制造巨头都会为旗下的娃娃们雇佣（gùyōng）专属服装设计师。这些设计师一点不比其他同行逊色（xùnsè），在薪酬上他们甚至可以将同行踩在脚下。一些玩具制造巨头会支付给他们的设计师6位数的薪水，而常规设计师薪水则仅仅在6万至7万美元之间。在美国，从事这项职业的人可谓凤毛麟角（fèngmáo-línjiǎo），一共不足500人，而芭比娃娃的诞生地美泰公司（Mattel）就雇佣了25名这样的设计师，专门负责为芭比设计融入当下各种时尚元素的服装，让芭比始终走在时尚的前沿。

金姆·卡尔蒙是美泰公司产品设计的高层管理人，她的设计灵感通常来自于街头以及巴黎和纽约的时尚秀场。卡尔蒙当初进入这一行时，一度以为自己待不到6个月，她的目标是进入真正的时装设计界。但是现在，她认为自己再也找不到比芭比服装设计师更好的工作了。"要想在时装设计业生存是相当困难的，精疲力尽不说，有些人甚至连报酬都得不到。我们公司的一些设计师就来自那个圈子，他们很高兴摆脱了那里的竞争。"

宠物食品试吃员

帕特里西亚·帕特森在堪萨斯州立大学感觉研究中心工作，她每天的任务就是试吃各种品牌的狗粮，并且详细记录它们的口味和口感。狗狗们虽然不挑食，但并不表明主人会对它们的一日三餐放松要求。有时候，为了鉴定某品牌的狗粮是否如其广告中所说加入了牛肉，她必须一点点地试吃，以便找到那些小小的牛肉粒。

英国人西蒙·艾利森也是一名资深的宠物食品试吃员，他在英国知名连锁超市玛莎百货的宠物食品部工作，对超市货架上所有宠物食品的口味都如数家珍，这也就意味着，这里所有的宠物食品都要先经过他的鉴定，才能进入宠物们的食盆。西蒙称，他自己最中意的口味来自一种加入了蔬菜的奢华（shēhuá）型有机鸡肉猫粮。猫喜欢吃蔬菜吗？"猫其实只对食物的香味感兴趣，它们才不会关心里面加了什么时令蔬菜。加入蔬菜的目的，主要是为了让食物更符合猫咪主人们的喜好，他们总是希望宠物能和他们吃得一样健康，他们才会心甘情愿掏钱买单。"

下水道导游

下水道导游是专属于巴黎的一道特殊风景。从19世纪开始，巴黎宏大的地下排水系统就以下水道博物馆的名义向公众开放，并吸引了众多可以忍受恶臭的旅游者。每条下水道都以地面上相应的街道命名。今天的下水道博物馆的导游以前都做过下水道工人，游客只需支付6美元，就能在导游们的带领下探访这座"城下之城"。

斗牛小丑

斗牛小丑是随着美国西部牛仔文化衍生（yǎnshēng）出来的一种职业。每当斗牛赛的间隙，斗牛小丑们就会穿着宽大艳丽的衣服粉墨登场，他们在愤怒的公牛面前耍宝，博观众一笑。在斗牛场上，表演只是小丑们的副业，保护骑手的安全才是他们的第一要务。当骑手失手落地，没有自卫能力的时候，小丑们就会一拥而上，在公牛和骑手之间形成一道屏障（píngzhàng）。他们通过奔跑等方式，将公牛的注意力从受伤的骑手转移到自己身上，有时他们还要配合骑手，分散公牛的注意力，为骑手提供制胜的短暂时机。

斯科特·克博特森16岁起就入行了，他说，这项工作很残酷，"世界上没有任何一家保险公司愿意跟我们打交道"，斗牛生涯在他的身上留下了24处骨折、三次脑震荡还有一次下巴脱臼（tuō jiù）。斯科特说，作为斗牛小丑最大的成就感是听到观众的掌声和对于他们努力工作的肯定，"最棒的还是当牛仔们走向你，告诉你他们是多么感激你每一次忠于职守的保护"。

iPod 保姆

关于iPod保姆流传着这样一个段子，某大牌时装设计师私人珍藏了100多部iPod，以至于不得不雇佣一个人像个图书管理员一样专门负责照看它们，据说这个段子有确凿（quèzáo）可靠的来源。

高尔夫球打捞员

高尔夫球打捞员的工作就是潜入水底将球手误打进池塘或湖中的球捡上来。这些球被高尔夫球回收公司收购，经过清洗和重新喷漆后再包装出售，也算是对资源的一种有效利用。一个高尔夫球打捞员平均每天可以捞出3000到5000个球，一年就可以赚到5万至10万美元。

就像所有看起来光鲜、惬意（qièyì）的职业背后都有难言的苦衷一样，高尔夫球打捞员的危险系数堪比那些试飞员。2006年，美国佛罗里达州的伯伊顿海滩高尔夫球场就有一名打捞员被湖中的鳄鱼（èyú）咬断了一条手臂。此外，他们的手经常会被碎玻璃和渔网上的钩刺划伤，有时整个人甚至都会被缠（chán）进渔网。

高薪和危险并非高尔夫球打捞工作的全部，打捞员还会在水底发现令人意想不到的"特殊奖励"，比如洗碗机、笔记本电脑、成吨的高尔夫设备，甚至一个得州的打捞员捞出过两辆宝马车、两辆卡迪拉克。在一些国家，高尔夫球打捞业已经形成数百万美元的产业链，前景相当被看好。

宠物侦探

宠物侦探指的是那些帮助宠物主人寻找走失宠物的人和他们的搜索犬。这个职业带着点半公益的性质，从事这一职业的人所付出的精力和物力往往和支付给他们的酬劳不成比例，他们完全是凭着对动物的爱心在工作。

卡拉OK出租车司机

所谓的卡拉OK出租车就是带有卡拉OK附属服务的出租车，乘客只要有要求，就可以在出租车中吼上几嗓子，用以打发路途中的无聊。

在芬兰首都赫尔辛基就有一家专门提供卡拉OK出租车预订服务的出租车公司，2003年创建，现在这家公司的出租车已经成为各色派对活动的最爱，人们经常预订一辆车在商业区兜风（dōu fēng）唱歌。

家具测试员

像La-Z-Boy这样的美国家具第一品牌，经常会设立家具测试实验室，以每小时6至10美元的薪酬聘请家具测试员为他们的家具做测试。这些测试员的工作就是让自己的屁股在各种摇椅、双人沙发或活动躺椅上移动。为了测试椅子的坚固性和舒适度，他们还要变换各种姿势，比如不停晃动椅子，前倾或后靠。通常一名家具测试员一天要测试200把以上的椅子。事实证明，这项工作并不像看起来那样轻松惬意。麦克·皮克斯利就受雇于La-Z-Boy家具公司，他说来这里做测试员工作的第一年夏天，体重一下减轻了18磅（bàng）（约为8公斤），而这全部得益于他的"椅子运动"。当然，随之而来的还有腰酸背痛。

并非任何人都有成为家具测试员的潜质。从事这个职业最必要的硬件标准就是要有足够的身高和体重。据说La-Z-Boy公司招聘的测试员体重都要在180至200磅（约合82至90公斤）之间，身高至少在6英尺以上（约合1.83米）。

白日梦经纪人

白日梦经纪人的工作就是帮人们过上梦想成真的一天。据说，白日梦经纪人的创始人是芝加哥的一个广告员，生意已经扩展到美国好几个城市，业务价值范围从150美元到几千美元不等。比如，一个邮差想要做一晚的单口相声演员；一名商人想要驾驶一辆货车周游西部；一个心理学家想要在20个周末和20个来自不同国家的女孩约会，他们都能帮忙实现。

（选自《北京晚报》2008年9月27日，孔瑶瑶）

一 读完全文，请你想一想、说一说、写一写

1. 如果让你从这十个冷门职业中选择一种，你会选什么？请说说你选择的理由。
2. 请模仿英国南极科考站的招聘启事，为其中一种冷门职业写一个一百字左右的招聘启事。

二 你还知道或者能想象出什么冷门职业？请用轻松幽默的语言介绍一下

第 4 课 社会与发展

配套资源

阅读（一）

是选择休闲还是选择匆忙？为什么现代人总是处在这两者的矛盾之中？为什么人们渴望休闲、追求休闲，而在现实中却只能永远奔波在追寻的路上而求之不得？

本文的分析是否切中问题的要害？作者的解读是否提供了令你满意的答案？还是让我们先来读一读吧。

正面是休闲　背面是匆忙
——现代人的生活节奏（jiézòu）

现代社会无论价值观的持有还是生活方式的选择都充满了矛盾。匆忙与休闲是截然不同（jiérán-bùtóng）的两种生活方式，也可以说是两种生活态度，但在现实生活中，人们却在这两种生活方式与态度间频繁（pínfán）穿梭（chuānsuō），有时也说不清自己到底是"休闲着"还是"匆忙着"。

个体的焦虑体验与日常困扰往往与其身后的社会结构性变迁（biànqiān）密切相关，每个人的苦恼（kǔnǎo）与苦难都不仅仅是他自己的，私人生活的陷阱（xiànjǐng）往往由社会织成。

1. 节奏：Tempo，比喻均匀的、有规律的工作、生活进程。

2. 截然不同：完全没有相同的地方。

3. 频繁：（次数）多。
4. 穿梭：形容来往频繁。

5. 变迁：（社会、时代、面貌等）长时期的变化。
6. 苦恼：痛苦烦恼。
7. 陷阱：比喻害人的圈套。

69

伴随着知识经济时代的到来，人们开始重新评价休闲的功能与价值。休闲的字样频繁出现在报刊上，人们开始欢呼休闲时代即将来临——更乐观者则认为已经到来。

于是，每个人都努力追求休闲，以休闲的姿态显示自己拥有了白领的身份，达到了小康①的水平，具备了小资②的格调(gédiào)。但是另一方面，快速的生活节奏仍被视为经济发达、社会进步、高质量生活的象征，而慵懒(yōnglǎn)闲散(xiánsǎn)、优哉游哉(yōuzāi-yóuzāi)则被斥为经济发展迟缓、跟不上时代步伐的表现。为了能更好地享受休闲，人们要花费更多的时间去工作、赚钱，在职场上疲于奔命(píyúbēnmìng)。大多数时候，有钱者不得闲，有闲者没有钱，这山望着那山高③，彼此羡慕不已(bùyǐ)。

时间稀缺：工作与休闲相冲突

为什么我们满怀休闲的渴望却总是不得不投入匆忙之中？原因之一便是时间的稀缺。工作与休闲同时都需要一种资源，那便是时间。时间成为稀缺资源被视为现代社会及后现代的重要特征。

尤其是当时间可以转换为金钱的时候，时间稀缺性的表现更为突出。人的劳动时间价值越高，即每小时的劳动报酬越高，那他不工作时的休闲价值也会一同升高。比如，一个人每小时工资是10块钱，如果他不上班，一小时就会损失10块钱；同样，如果他放弃休假去加班，也可以每小时挣10块钱，可见，他一小时的休闲价格也至少为10块钱。当工资提高，比如说每小时20元，他就会更舍不得消费休闲了。但是，如果工资再继续提高，比如每

8. 格调：指人的风格或品格。

9. 慵懒：困倦疲乏；懒洋洋。
10. 闲散：无事可做而又无拘无束。
11. 优哉游哉：形容从容不迫、悠闲自得的样子。

12. 疲于奔命：因忙碌而疲惫不堪。

13. 不已：不能停止。

小时100元，原先工作十小时挣到的钱现在一小时就挣到了，那时人就可以减少工作，因为他的收入已经提高到使其有能力消费闲暇（xiánxiá）了。所以，有人提出，随着生产效率的提高与劳动时间价值的增长，人们将获得更多的闲暇与休闲。但经验表明，事实并非如此。以美国为例，尽管25年来工人的收入增长了一倍以上，但周工作时间并未减少，相反还有所增加。调查结果显示，与希望拥有更多闲暇相比，人们对拥有物质商品的期望仍居于首位。这似乎表明，虽然工资在不断提高，但好像总也达不到那个临界点（línjièdiǎn），能让人喘口气，放松下来，享受生活。

由此我们看到，享受休闲除了时间以外还要具备另一个重要的条件，那便是——消费能力。

休闲有价：市场与欲望的联手

20世纪末以来，"休闲"成了一个时髦词汇。但休闲之所以变得如此重要，并不真的要让人们都休而闲之，而是要利用休闲热潮促进消费，所以无论"休闲"还是"假日"，后面往往紧跟着"经济"，而这才是核心（héxīn）。

因此，虽然休闲表面看起来十分轻松，其实肩负的责任重大。社会富有，闲暇时间增多，休闲的普及变成了推动经济的重要力量。大众休闲对于投资者来说意味着更多的商业机会，对于失业者而言意味着新的工作岗位，对于国家而言则预示着GDP的持续（chíxù）增长。所以，如果人民普遍得到休闲却没有拉动经济、推动消费、促进就业，那就算不上是"有效休闲"，也就不值得大张旗鼓（dàzhāng-qígǔ）地提倡。但不能就此说国家、政

14. 闲暇：闲空。

15. 临界点：由一种状态转变为另一种状态的界限。

16. 核心：中心；主要部分（就事物之间的关系说）。

17. 持续：延续不断。

18. 大张旗鼓：比喻声势和规模很大。

府居心叵测（jūxīn-pǒcè），因为市场经济虽克服商品短缺有功，同时也制造了需求不足的麻烦。为了避免经济的停滞（tíngzhì）与衰退（shuāituì），就要不断刺激消费，刺激需求，刺激欲望。

　　休闲被描述为实现生活质量的最佳途径与境界（jìngjiè），那就是由消费来满足各种欲望。这些欲望远远超出了基本需求，充满了炫耀（xuànyào）、攀比（pānbǐ）、舍简求繁（shějiǎn-qiúfán），为物而物——只有全家外出旅游的假期才没有虚度；只有周末千里迢迢（qiānlǐ-tiáotiáo）赶到异地观看球赛的才叫"铁杆儿（tiěgǎnr）④"；锻炼身体改叫"健身"，且只有去健身馆或是家里预备一堆健身器械（qìxiè）才能达到目的；从美容到整容，从减肥到"美体"，从超市到精品屋，词汇的转换与其说是休闲的升级不如说是消费的升级更确切。在空闲时间里，人们几乎无时无刻（wúshí-wúkè）不与商品迎面相撞，接受各种直接、间接（jiànjiē）的商品宣传，其间不时闪现出关于什么是高尚生活，什么是现代品位（pǐnwèi），什么是美满爱情的"优秀创意"。休闲就这样在现代商品大潮、现代消费理念与现代大众传媒（chuánméi）的多方夹击之下，一

19. 居心叵测：存心险恶，不可推测。
20. 停滞：因为受到阻碍，不能顺利地运动或发展。
21. 衰退：（身体、精神、意志、能力等）趋向衰弱；（国家的政治经济状况）衰落。
22. 境界：事物所达到的程度或表现的情况。
23. 炫耀：向别人显示（自己有本领、有功劳、有地位、有势力等）。
24. 攀比：向高处比较。
25. 舍简求繁：舍弃简单的，而去追求繁杂的。
26. 千里迢迢：形容路途遥远。
27. 器械：有专门用途的或构造较精密的器具。
28. 无时无刻："无时无刻不……"是"时时刻刻都"的意思，表示永远，不间断。
29. 间接：通过第三者发生关系的。
30. 品味：格调和趣味。
31. 传媒：传播媒介，指报纸、广播、电视等新闻工具。

步步成为现代经济系统的有机组成。休闲与消费的彻底对接，使市场终于实现了对欲望的全面控制与充分开掘（kāijué）。

无论社会还是个人都接受或认可了这样的理念：只有具备生产与消费能力的人才具备休闲的资格；只有对物质的占有、对金钱的耗费（hàofèi）程度才能标志休闲的质量，并进而（jìn'ér）代表了个人的成功与价值。我们自知远不属于富人阶层，又不甘于（gānyú）小富即安⑤，于是只剩下一条路可走，就是怀揣（huáichuāi）着休闲之梦，永远步履匆匆（bùlǚ-cōngcōng）地奔向别处。

从某种意义上说，正是人们对"只有'消费着'才是'休闲着'"的认同，使人们在匆忙的漩涡（xuánwō）中越陷越深。

（选自《社会学家茶座》总第八辑，王小波，有改动）

32. 开掘：挖。

33. 耗费：消耗。

34. 进而：继续往前；进一步。

35. 甘于：甘心于；情愿。

36. 怀揣：心里存有。
37. 步履匆匆：走路很快，形容人很匆忙。

38. 漩涡：液体旋转时形成的状态。比喻使人陷入其中不能脱身的状态。

注释

① 小康：指家庭生活比较宽裕，可以安然度日。
② 小资：20世纪90年代开始在中国流行的名词，原本为"小资产阶级"的简称，特指追求内心体验、物质和精神享受的年轻人。一般为都市白领，在社会中有一定的地位和财富。
③ 这山望着那山高：爬上这一座山，觉得那一座山更高。比喻对自己目前的工作或环境不满意，老认为别的工作、别的环境更好。
④ 铁杆儿：比喻坚定不移，十分可靠。
⑤ 小富即安：指富起来或取得一些成绩就自满自足、不思进取的思想。

练习 Exercises

一 根据下面句子的意思写出相应的词语

1. 社会、时代、面貌等长时期的变化。（　　　）
2. 中心；主要部分。（　　　）
3. 比喻害人的圈套。（　　　）
4. 液体旋转时形成的状态。（　　　）
5. 通过第三者发生关系的。（　　　）
6. 完全没有相同的地方。（　　　）
7. 继续往前；进一步。（　　　）
8. 延续不断。（　　　）
9. （次数）多。（　　　）
10. 比喻声势和规模很大。（　　　）
11. 走路很快，形容人很匆忙。（　　　）
12. 形容路途遥远。（　　　）
13. 受到阻碍，不能顺利地运动或发展。（　　　）
14. （国家的政治经济状况）衰落。（　　　）

二 根据文章的内容，判断下面的哪句话是正确的

☐ 1. 在休闲和匆忙中频繁穿梭反映出人们在生活方式与态度的选择上的矛盾。
☐ 2. 个体的苦恼与苦难与社会结构的变迁是分不开的。
☐ 3. 人们追求休闲，以显示自己拥有白领的身份，达到小康的水平，而快速的生活节奏被视为跟不上时代的步伐。
☐ 4. 现代社会及后现代的重要特征之一是时间成为稀缺资源。
☐ 5. 事实证明，随着生产效率和劳动时间价值的提高，人们获得了更多的闲暇与休闲。
☐ 6. 调查表明，人们对拥有物质商品和拥有闲暇的期望是不相上下的。
☐ 7. 休闲之所以重要，是因为肩负着重大的社会责任。
☐ 8. 人民没有普遍休而闲之，就算不上是有效休闲。
☐ 9. 市场经济克服了商品短缺，需求充足。但为了经济进一步发展，仍要不断刺激人们的消费、需求和欲望。

第 4 课　社会与发展

- [ ] 10. 从锻炼到健身、从美容到整容、从减肥到美体等等的转换体现的不是消费而只是休闲的升级。
- [ ] 11. 市场通过休闲与消费的对接完全左右了人们的欲望。
- [ ] 12. 人们普遍认同，有消费能力才具备休闲资格，消费程度标志着休闲质量，由此证明一个人的成功与价值。
- [ ] 13. 人们之所以深陷于匆忙的漩涡之中正是因为他们赞同休闲就是消费这一观念。

三 根据文章内容，用指定的词语完成下面的段落。不要照抄课文，请尽量用自己的话来写

1. 人们个体的焦虑与困扰的原因：＿＿＿＿＿＿＿＿
   ＿＿＿＿＿＿＿＿＿＿＿＿＿＿＿＿＿＿＿＿＿＿＿
   ＿＿＿＿＿＿＿＿＿＿＿＿＿＿＿＿＿＿＿＿＿＿＿
   ＿＿＿＿＿＿＿＿＿＿＿＿＿＿＿＿＿＿＿＿＿＿＿

   往往　不仅仅
   苦恼　陷阱

2. 人们之所以都努力追求休闲，是为了显示自己：
   ＿＿＿＿＿＿＿＿＿＿＿＿＿＿＿＿＿＿＿＿＿＿＿
   ＿＿＿＿＿＿＿＿＿＿＿＿＿＿＿＿＿＿＿＿＿＿＿
   ＿＿＿＿＿＿＿＿＿＿＿＿＿＿＿＿＿＿＿＿＿＿＿
   ＿＿＿＿＿＿＿＿＿＿＿＿＿＿＿＿＿＿＿＿＿＿＿

   拥有　达到　具备

3. 休闲肩负着重大的责任：＿＿＿＿＿＿＿＿＿＿＿
   ＿＿＿＿＿＿＿＿＿＿＿＿＿＿＿＿＿＿＿＿＿＿＿
   ＿＿＿＿＿＿＿＿＿＿＿＿＿＿＿＿＿＿＿＿＿＿＿
   ＿＿＿＿＿＿＿＿＿＿＿＿＿＿＿＿＿＿＿＿＿＿＿

   对于……来说/而言
   算不上　不值得
   大张旗鼓　停滞
   衰退　刺激

4. 休闲被描述为由消费来满足各种远远超出了基本需求的欲望：＿＿＿＿＿＿＿＿＿＿＿＿＿＿＿＿＿
   ＿＿＿＿＿＿＿＿＿＿＿＿＿＿＿＿＿＿＿＿＿＿＿
   ＿＿＿＿＿＿＿＿＿＿＿＿＿＿＿＿＿＿＿＿＿＿＿

   炫耀　攀比
   舍简求繁　为物而物
   只有……才……（请使用 3 次以上）

5. 如今，人们使用的很多词汇发生了转换：_____
   _____
   _____

> 从……到……（请使用3次以上）
> 与其说……不如说

6. 人们在匆忙的漩涡中越陷越深，是因为他们接受或认可了这样的理念：_____
   _____
   _____

> 只有……才……
> 进而　不甘于
> 步履匆匆

四　写作实战练习

问题提示

　　本文的作者王小波是中国当代著名作家、学者。读完全文，请想一想，"正面是休闲背面是匆忙"这句话的具体含义是什么？对于"休闲有价""休闲必须推动经济""休闲应该与消费彻底对接"的说法，你有什么看法？

　　你渴望休闲还是追求匆忙？你认为，休闲与匆忙这两者的矛盾、冲突是怎样产生的？能够在现实中得到化解吗？

写作提示

　　这篇议论文阐述了作者对现代社会生活方式和价值观的矛盾及其原因的看法。论点鲜明，论据充分，论证层层推进、环环相扣、合理有力，全文首尾呼应。文章有较强的说服力。

　　文章在多处运用了排比的句式。排比是一种修辞手法，常常把三个或三个以上意义相关或相近，结构相同或相似和语气相同的词组（主谓/动宾）或句子并排，达到一种加强语势的效果。对于议论文来说，排比的使用可以使得文章的内容或作者的思想感情的表达得到强化，从而增强说服力和感染力。

　　此外，文章中大量使用了表示转折关系、选择关系、条件关系等的关联词语，都起到了增强文章的逻辑性、说服力的作用。

　　请在老师在指导下找出文章中的排比句和一些关联词语，大家一起讨论一下它们在文章中的作用。

第4课　社会与发展

写作练习

步骤一：分组讨论

先请读一下下面文章中的三个片段，请每组选取其中的一段，在这段话的基础上确定你们的观点和主题。

（1）与希望拥有更多闲暇相比，人们对拥有物质商品的期望仍居于首位。虽然工资在不断提高，但好像总也达不到那个临界点，能让人喘口气，放松下来，享受生活。

（2）休闲被描述为实现生活质量的最佳途径与境界，那就是由消费来满足各种欲望。这些欲望远远超出了基本需求……

（3）人们都接受或认可这样的理念：只有具备消费能力的人才具备休闲的资格，才有休闲的质量，并进而代表了个人的成功与价值。

步骤二：讨论后列出大纲

关于＿＿＿＿＿＿问题，我们的论点是：＿＿＿＿＿＿＿＿＿＿＿＿
＿＿＿＿＿＿＿＿＿＿＿＿＿＿＿＿＿＿＿＿＿＿＿＿＿＿＿＿＿＿

我们打算从以下几个方面或几个层次展开论述：

（1）＿＿＿＿＿＿＿＿＿＿＿＿＿＿＿＿＿＿＿＿＿＿＿＿＿＿＿
＿＿＿＿＿＿＿＿＿＿＿＿＿＿＿＿＿＿＿＿＿＿＿＿＿＿＿＿＿＿

（2）＿＿＿＿＿＿＿＿＿＿＿＿＿＿＿＿＿＿＿＿＿＿＿＿＿＿＿
＿＿＿＿＿＿＿＿＿＿＿＿＿＿＿＿＿＿＿＿＿＿＿＿＿＿＿＿＿＿

（3）＿＿＿＿＿＿＿＿＿＿＿＿＿＿＿＿＿＿＿＿＿＿＿＿＿＿＿
＿＿＿＿＿＿＿＿＿＿＿＿＿＿＿＿＿＿＿＿＿＿＿＿＿＿＿＿＿＿

其他：
＿＿＿＿＿＿＿＿＿＿＿＿＿＿＿＿＿＿＿＿＿＿＿＿＿＿＿＿＿＿
＿＿＿＿＿＿＿＿＿＿＿＿＿＿＿＿＿＿＿＿＿＿＿＿＿＿＿＿＿＿

我们最后的结论是：
＿＿＿＿＿＿＿＿＿＿＿＿＿＿＿＿＿＿＿＿＿＿＿＿＿＿＿＿＿＿
＿＿＿＿＿＿＿＿＿＿＿＿＿＿＿＿＿＿＿＿＿＿＿＿＿＿＿＿＿＿

步骤三：写作

具体要求：

1. 文章内容：
   ① 所要论述的问题和自己的基本观点。
   ② 展开论述，说明自己之所以这样认为的几条理由。
   ③ 通过引用或实例来增加文章观点的说服力。
   ④ 总结全文，强调自己的观点。

2. 写作方法：
   ① 这次的文体是议论文。
   ② 在文章的结构上，注意议论文的三要素：论点、论据和论证；
   ③ 在词句表达上，可以模仿课文的写作方法，尽量使用排比句，并多使用有关联词语的复句，提升文章的逻辑性。

3. 使用词语：在文章至少使用 8 个本课所学的新词语。

4. 字数：800 字左右。

步骤四：做成 PPT，并在全班报告

完成作文后请老师提出意见，再根据老师的意见进行修改，最后抄写到作文本或稿纸上，也可以输入电脑并打印出来。

阅读（二）

两代人之间的矛盾、冲突，既是每个社会的现实存在，同时也是时代进步的推动力。在飞速跃进的现代社会，代沟问题更加凸现了出来。本文作者细化了代沟形成的不同阶段，分析了在不同阶段中两代人的心理和行为特点，甚至从哲学的角度总结了出现代沟的一些规律。这些都可以为我们在生活中处理代沟问题提供一些参考，同时，相信也能够引起你对代沟问题的更加深入的思考。

论代沟

相当长一个时期以来,我认为"代沟(dàigōu)"仅仅是不同代之人对同一事物的不同看法。最近我才渐悟(wù)——不同看法,那固然也是"代沟"现象的一个方面,但却并非主要的方面,更非本质的方面;而本质的方面是——对同一事物,上一代人不管多么强调关注它的必须性,下一代人竟根本连眼角的余光都不瞥(piē)过去一下。

对同一事物的看法,两代人或隔代人之间还发生争论,实在是上一代人、上上一代人的欣慰(xīnwèi)。为什么我不说是双方的欣慰呢?乃(nǎi)因归根结底(guīgēn-jiédǐ),下一代的"在乎(zàihu)着"是暂时的,表面的,注定(zhùdìng)了要朝根本不再"在乎"转化过去的。细分析之,此时两代人之间的争论,即使显得似乎白热化(báirèhuà),其实证明上一代人对下一代人就某事物的看法毕竟还是客观发挥着一些影响力。同时,未尝(wèicháng)不包含着下一代人对上一代人的情绪的照顾。

真相往往是这样——当下一代人对社会对时代的认识还处在较初级的阶段,亦即对自己的适应能力尚无把握缺乏信心的阶段,"代"与"代"之间的偶尔争论是以上一代人的优势为特点的。简直可以说,往往是上一代人首先发起的。此时下一代人从各方面来讲都处于劣势(lièshì)。从性质上说,占尽优势的上一代人,在争论中往往表现出压迫的意味,总之是居高临下(jūgāo-línxià)好为人师(hàowéi-rénshī)的一套罢了。哪怕此时上一代人的看法是对的,动机是好的,见解也是百分之百

第 4 课　社会与发展

1. **代沟**:指两代人之间在观念、习惯等方面的差异。

2. **悟**:了解;领会;觉醒。

3. **瞥**:很快地看一下。

4. **欣慰**:喜悦而心里舒畅。
5. **乃**:〈书〉是;就是。
6. **归根结底**:归结到根本上。
7. **在乎**:在意;介意(多用于否定式)。
8. **注定**:(某种客观规律或所谓命运)预先决定。
9. **白热化**:(事态、感情等)发展到最紧张的阶段。

10. **未尝**:加在否定词前面,构成双重否定,意思跟"不是(部、没)"相同,但口气比较委婉。

11. **劣势**:情况或条件比较差的形势。

12. **居高临下**:形容处于有利的地位。
13. **好为人师**:喜欢以教育者自居,不谦虚。

（bǎifēnzhībǎi）宝贵的经验，都不能改变争论的性质。争论是什么？口舌之战而已（éryǐ）。

当下一代对社会对时代的认识上升到了中级阶段，亦即对自己的适应能力有了些把握有了些信心的阶段，于是代与代之间的争论从家庭到单位到社会的各个层面开始频繁发生。这时候，上一代人才恍然（huǎngrán）意识到，所谓"代沟"，在自己和下一代人之间已经形成。人类永远无法避免"代沟"，它如生老病死，是人类社会自然和必然的规律。在上一代人那儿，这时候"代沟"仿佛刚刚形成，是自己所面临的一个新的"问题"。而在下一代那儿，他们显然已经觉得忍受得太久了。他们有点儿急不可待（jí bù kě dài）地要表达自己的看法了，要宣布自己的意见和主张了。他们的这一种欲望（yùwàng）此时特别强烈。他们的看法、意见和主张、理念和价值观，相对于上一代人所苦心（kǔxīn）构筑（gòuzhù）的社会和时代的稳定性以及伦理（lúnlǐ）性秩序，往往意味着是叛逆（pànnì）、是挑战、是破坏、是颠覆（diānfù），然而他们不准备一味（yíwèi）妥协（tuǒxié）了。争论通常是没有结果的，各执一词（gèzhí-yìcí），据理力争（jùlǐ-lìzhēng），对错实难分清。所谓结果，往往已不由对错来决定，而由从家庭到单位到社会的各个方面，谁更强硬一些来决定。在家庭中，下一代人反而更强硬一些了。上一代人也开始学着明智（míngzhì）了，开始研究妥协

14. 百分之百：全部；十足。

15. 而已：罢了，算了，有无可奈何的意思。

16. 恍然：形容忽然醒悟。

17. 急不可待：急迫得不能再等待。

18. 欲望：想得到某种东西或想达到某种目的的要求。
19. 苦心：费尽心思。
20. 构筑：建造；修筑。
21. 伦理：指人与人相处的各种道德准则。
22. 叛逆：背叛。
23. 颠覆：翻倒；推翻。
24. 一味：单纯的。
25. 妥协：用让步的方法避免冲突或争执。
26. 各执一词：各人有各人的说法。
27. 据理力争：依据事理，尽力争取。

28. 明智：懂事理；有远见；想得周到。

和退让的艺术了。在单位,上一代人表面还占尽优势,依然能左右冲突的结局,但那已不是靠着从前的影响力和魅力(mèilì)在左右,而往往更是靠着身份、地位和权力了。下一代人跃跃欲试,渴望上升为主导(zhǔdǎo)的一代,以自己的理念(lǐniàn)和方式方法,充分显示自己的能力。"代"与"代"之间的冲突、摩擦(mócā)、争论,于是处于"活动期"的状态。

在"代沟"的"活动期",两代人共同关注的事物有很多,冲突、摩擦、争论,皆(jiē)因"共同关注"。这是"代"与"代"之间,最后的紧密又紧张的关系。

到了"代沟"的第三阶段,情形反过来了。共同关注的事物越来越少了,各自关注的事物越来越多了。此时的社会和时代,其实业已(yèyǐ)悄悄地完成了可以称之为第三种势力的再分配。亦即除了政治和大经济(关乎国计民生的经济)之外,传统社会学词典中叫做意识形态①的那一种势力的再分配。上一代人说它是意识形态,是世界观,人生观。在下一代人那儿,它只不过是与不同的人们的不同活法有关的一些自由选择而已。是的,下一代人正是首先在这一层面上,渐渐地,悄悄地,也是成功地突破了上一代人的种种束缚和限制。于是上一代人猛然发觉,在自己不经意(jīngyì)间,下一代人早已疏远(shūyuǎn)了自己,并且在对社会和时代的适应能力、自主性两方面,令他们惊讶地成长壮大了。

因了下一代人对人的活法的理解已与上一代人大相径庭(dàxiāng-jìngtíng),甚至背道而驰(bèidào'érchí),于是社会和时代中,产生出了新的种种的可用五花八门(wǔhuā-bāmén)来形容的

29. 魅力:很能吸引人的力量。
30. 主导:主要的并且引导事物向某方面发展的。
31. 理念:观念;思想。
32. 摩擦:双方因彼此利害矛盾而引起的冲突。
33. 皆:都;都是。
34. 业已:已经(多见于公文)。
35. 经意:经心;留意。
36. 疏远:关系、感情上有距离,不亲近。
37. 大相径庭:表示彼此相差很远或矛盾很大。
38. 背道而驰:比喻方向、目标完全相反。
39. 五花八门:比喻花样繁多或变化多端。

消费观、社交观、情爱观、婚姻观、择业观、审美观、娱乐观、伦理观……等等，等等，不一而足（bù yī ér zú）。一言以蔽之（yì yán yǐ bì zhī），社会的许多方面都随之而改，而变。

"代沟"在这一个阶段，"成熟"了，定型了，不再冲突，也不再摩擦。因为，上一代人关注的，以为重要的事物，在下一代人那儿仿佛并不存在；而下一代人关注的，以为重要的事，上一代人已知之不多。上一代人与下一代人几乎只剩下了一个共同的话题，那就是——钱。即使对于钱，分歧（fēnqí）也多。在家庭里，在单位里，在社会的各方各面，"代"与"代"之间的关系，可以说已无"沟"，因为"井水河水互不犯②"，就水平一片了。也可以说那"沟"已深得不能再深，连玩笑都被看不见的"沟"隔开了，仿佛不同民族有着不同的语言。

我们回顾（huígù）历史便会发现所谓"代沟"的另一条规律，或曰另一种真相——原来不管下一代人在上一代人心目中究竟是怎样的，社会和时代的天平最终总是要倾斜（qīngxié）向下一代一边的。因为下一代，毕竟是一天比一天成长壮大的一代。而他们给社会和时代注入的新内容、活力，肯定比上一代多。

从哲学的角度讲，"同一事物"原本是不存在的。上一代人必须明白的起码一点是——自己比下一代更应该做"代沟"这一门课程的好学生，而非下一代的先生……

（选自《书摘》2004年12月，梁晓声，有改动）

40. 不一而足：不止一种或一次，而是很多。
41. 一言以蔽之：用一句话来概括。
42. 分歧：（思想、意见等）不一致；有差别。
43. 回顾：回过头来看。
44. 倾斜：比喻偏向于某一方。

第 4 课　社会与发展

注释

① 意识形态：ideology，在一定的经济基础上形成的，人对于世界和社会的有系统的看法和见解，哲学、政治、艺术、宗教、道德等是它的具体表现。

② 井水河水互不犯：通常说"井水不犯河水"，比喻两不相犯。

练习　Exercises

一　选词填空，每个词只能使用一次

| 一味 | 欣慰 | 经意 | 注定 | 白热化 | 各执一词 | 据理力争 |
| 分歧 | 妥协 | 倾斜 | 在乎 | 居高临下 | 大相径庭 | 背道而驰 |

1. 旅鼠群在前往大海的路途中经常遭到狼和鹰的袭击，但它们并不（　　　），也不胆怯，仍然继续前进。
2. 体育界歧视女性的现象仍然存在，但这届运动会参赛女运动员的比例上升到44.8%，这不能不说是一个令人（　　　）的进步。
3. 和他人沟通首先要尊重人，没有傲气、没有（　　　）的态度，其次要学会去倾听他人的意见和心声。
4. 学生自己必须积极主动，如果（　　　）依赖教师，死记硬背，学习不可能有成效。
5. 未来一年内地移动电话行业可能出现大的动荡，竞争（　　　），甚至会重新洗牌。
6. 人类没有理由因为他们的祖先是猴子而感到羞耻，与真理（　　　）才是真正的羞耻。
7. 世界各地的人们辞旧迎新的心情因为过去一年的不同经历而（　　　）。
8. 交谈中，记者一句不（　　　）的"想家吗"的问候竟然让一位农民工泪如雨下。
9. 人类与传染病的斗争已有数千年历史，这一斗争今后（　　　）还会持续下去。
10. 对什么是国民经济发展的重点，大家在讨论中出现重大（　　　）。
11. 手机对人体究竟有没有危害，各国研究人员（　　　），争论不休。

12. 在资金、物资、技术上要向贫困地区（　　　　），积极为贫困地区的开发建设作出贡献。

13. 这一态度表明国际社会决不与恐怖分子（　　　　）。

14. 在谈判中，我公司代表（　　　　），对方最终同意提价5%。

二 下面的几组词语的意思相近或有联系，请查查词典，思考一下，然后把它们在词义和用法上的主要异同点填在下面的表格里。上课时，跟老师和同学讨论一下

1. 在乎——介意

	在乎	味道
相同点		
相异点		

2. 颠覆——推翻

	颠覆	推翻
相同点		
相异点		

第4课　社会与发展

3. 欲望——愿望——希望

	欲望	愿望	希望
相同点			
相异点			

4. 摩擦——矛盾——冲突

	摩擦	矛盾	冲突
相同点			
相异点			

三 根据文章内容，用指定的词语完成下面的段落和表格。不要照抄课文，理解课文内容后，请尽量用自己的话来写

1. 代沟现象本质的方面是：＿＿＿＿＿＿＿＿＿＿
＿＿＿＿＿＿＿＿＿＿＿＿＿＿＿＿＿＿＿＿＿＿
＿＿＿＿＿＿＿＿＿＿＿＿＿＿＿＿＿＿＿＿＿＿
＿＿＿＿＿＿＿＿＿＿＿＿＿＿＿＿＿
＿＿＿＿＿＿＿＿＿＿＿＿＿＿＿＿＿＿＿＿＿＿
＿＿＿＿＿＿＿＿＿＿＿＿＿＿＿＿＿＿＿＿＿＿

固然……并非……更非……

2. 以下表格概括了文章的基本内容，请用最右侧一栏中的词语完成空格部分：

代沟	上代人表现	下代人表现	本阶段的特点	最后的结局	要求使用的词语
初级阶段					优势　居高临下 好为人师　劣势 把握　偶尔
中级阶段					意识　规律　明智 急不可待　构筑 叛逆　挑战颠覆 妥协　退让　一味 强硬　主导　频繁 关注　冲突　摩擦 各执一词　据理力争 对错难分
成熟阶段					冲突　疏远　分歧 大相径庭　背道而驰 井水不犯河水 五花八门

3. 代沟的另一规律是：_____
_____
_____
_____

倾斜　注入

四　写作实战练习

问题提示

　　本文的作者梁晓声是中国当代著名作家。在这篇文章中，他关注了一个存在于任何社会中的普遍性问题：代沟。关于上代人的"世界观、人生观"，或者说下代人的"活法"，具体到消费观、社交观、情爱观、婚姻观、择业观、审美观、娱乐观、伦理观、道德观等多个方面，概括起来可以叫做"价值观"。思考一下在你的家庭中，两代人之间（比如祖父母和父母，或者祖父母和你、父母和你）在这些方面各自有着什么样的观点和态度？不同代的人之间又会发生怎样的摩擦、争论甚至冲突？而随着时间的推移，这些观念、争论等又会发生什么样的变化？你或你的朋友们是如何面对和化解代沟问题的？

写作提示

这篇文章在总体结构上基本按照时间顺序安排的，作者根据代沟发展的三个阶段来逐一加以描述。这样使文章的内容清楚有序，也可以使读者对代沟发展的过程一目了然。

另外在写作手法上主要采用了对比的方法。文章中既有纵向的对比，又有横向的对比。纵向对比描述了代沟现象在不同阶段的发展变化；横向对比描述了每一阶段中两代人各自的行为特点。两者的有机结合，为我们清晰地呈现出了"代沟"现象的全貌，也使得文章的内容更具有层次感和吸引力。

写作练习

步骤一：分组讨论

全班分为几组，每组确定"问题提示"中提到的一到两方面的 ×× 观，就两代人或三代人在这些方面的不同观念进行思考、讨论。

步骤二：讨论后列出大纲

讨论后一起完成下面的大纲：

我们组选择的方面是：_____

对此，上代人的观念和行为是：_____

下代人的观念及行为是：_____

随着时间的推移，上代人观念和行为的改变有：_____
_____
_____
_____

下代人观念和行为的改变有：_____
_____
_____
_____

我们的分析、归纳和结论是：_____
_____
_____
_____

步骤三：写作

具体要求：

1. 文章内容：
   ① 明确指出文章要讨论哪方面的问题和自己的主要观点。
   ② 上代人和下代人在这个问题上的看法和做法。
   ③ 随着时间的推移，他们的看法和做法分别发生了什么样的变化。
   ④ 总结观点，并对如何淡化或缓解代沟提出自己的意见和建议。

2. 写作方法：
   ① 文体可以是议论文。
   ② 可以按照时间顺序（两代人原来的看法和做法，后来的改变）或并列结构（上代人的看法、做法和改变，以及下代人的看法、做法和改变）安排文章的结构。
   ③ 在表达上多使用对比的修辞方法，可以明显地表现出两代人之间的差别。

3. 使用词语：在文章至少使用8个本课所学的新词语。

4. 字数：800字左右。

步骤四：修改并定稿

　　完成作文后请老师提出意见，再根据老师的意见进行修改，最后抄写到作文本或稿纸上，也可以输入电脑并打印出来。

第4课 社会与发展

补充阅读与思考

匆忙休闲：休闲的异化

为了获得休闲资格，提高休闲质量，我们不得不首先成为工作狂人。不仅如此，为了提高休闲的效率，增加休闲的产出，还要加快休闲活动的速度。就是说，我们即使在休闲中也无法逃脱匆忙的阴影。

在消费欲望的激励下，满足休闲需求意味着我们需要各种"好东西"。买东西要花钱，而花钱本身要耗费时间，等到东西买回来了则要花更多的时间去消费、享受。想想那些终于拥有了液晶彩电、高级音响、家庭影院的人们，有多少时间去享受这些好东西？再想想有多少好书买回来连翻一下的时间都没有，便在书架上落满了灰尘，我们就知道休闲的乐趣早已被匆忙这个杀手追杀得无影无踪。

为了达到在休闲中充分利用时间的目的，人们费尽心机。在这方面，美国人又为我们树立了榜样。"时间深度利用"一词就是描述美国人休闲行为特征的。这个概念认为："人的兴趣与冲动对人也会形成压力，并促使人们达到更高的行动效率"。在我看来，其本质意义是认为，休闲作为一种活动，是能够以十分匆忙的方式完成的。具体讲来包括以下四种方式：

第一，加快活动的速度，如驾车游览公园或者动物园，这当然要比徒步观赏或者坐下来欣赏快多了。但凭我个人的经历，此法实不足取——时间是节省了，但休闲的意味与意境全无。有次我到杭州，时间已十分紧迫，但朋友执意要陪我去西湖转转。等到了那里，坐上敞篷观光车，行进中观赏西湖的各个著名景点，导游一路讲来，车速也不很快，但眼前的西湖却毫无味道，较之于十多年前囊中羞涩的学生时代所领略过的西湖美景真是不可同日而语，反倒破坏了记忆里的种种美好。第二种，尽量用一种能迅速完成的休闲活动来取代耗时较长的活动，如以有氧运动代替打网球，因为打网球太费时间。进而想到为什么纸牌赌博常常更受欢迎，因为胜负瞬间（shùnjiān）可知。第三种，同时进行一种以上的活动，如一边吃饭一边看体育节目；一边开车一边打电话，同时听着录音歌曲，嘴里还吃着早餐或午餐。还有第四种，精确安排各项休闲活动的时间，如在一个晚上计划先去超市购物，再参加朋友的生日聚会，然后还要去影剧院。每项活动时间精确，严丝合缝。我的一个朋友堪称（kānchēng）这方面的行家里手。无意间翻动她的记事簿（bù），只见里面密密麻麻地排满了各种约会，旁边标注着精确的时间。正要称赞她的高效率时，得到的却是一个苦笑：因为路上塞车没有考虑进去，所以约会往往以迟到开始，为了避免下个约会再迟到，又要以早退结束。

在历史上，休闲的含义是宁静、平和及永恒（yǒnghéng），与物质主义、行动、效率之类截然相反；而今天，对许多人而言，休闲不过是用来享受各种商品与服务，并在极短的时间内从事多项"令人愉快的"活动。渐渐地，休闲的本意——自由地安排时间，从事个人喜好，自娱自乐，使身心愉快；深入体验安宁、从容、超脱或狂喜，摆脱、忘却生存的压力与生命的虚无，感受充实与愉悦——已被人遗忘、抹杀（mǒshā）。在现代人中，极少有人愿意参加沉思、诗歌朗诵与创作或者政治辩论等活动，而两千多年前的古雅典人却将它们视为休闲的精髓（jīngsuǐ）。

可以说，此时的休闲已被异化。休闲仅仅成为一个口号，它没能带来自由的感觉反而使人更加匆忙。在这样的休闲中，没有自由，有的只是对占有、控制与地位的欲求；人们期待的是从休闲消费中获得快乐、声望和权力。表面上我们有能力享受一切，但匆忙间，我们不过是与生活擦肩而过。难怪有人说，我们生活得越来越像一架机器。

所以，"正面是休闲，背面是匆忙"，说穿了，就是表面是休闲，骨子里是匆忙。

从社会学的角度，个体的困惑（kùnhuò）与烦恼，与其说是个人的心理问题不如说是社会与结构的问题。看一看当今社会的主流话语："跨越式发展""三步并作两步走""再上新水平"（就差说"跑步进入小康社会了"）……每天听着这样的话，怎能让人心里不着急？真像广告里说的："别人都长高了，就我矮，多没面子！"

在泰国，为了让大象帮人搬运重物，农民总爱用竹竿挑着香蕉在大象眼前晃来晃去，大象为了够到香蕉，就是背上的东西再重也会一个劲儿地往前走。人类现在的情形也颇为相似：为了够到眼前无数的诱惑（yòuhuò），人在不知不觉中背负着现代化的重压，向着休闲所描画的美妙境界，匆忙赶路……

（选自《社会学家茶座》总第八辑，王小波，有改动）

一　读完全文，请你想一想、说一说

1. 文章中说"休闲的乐趣早已被匆忙这个杀手追杀得无影无踪"，并举出了一些事例。你还能举出一些不同的事例吗？
2. 描述美国人休闲行为特征的"时间深度利用"具体讲到哪四种方式？请说一说它们的利弊。
3. 为什么说"休闲已被异化"？请用自己的话复述一下文章的观点。

二　请以文章的最后一段作为开头，或找一个类似的故事作为开头，谈一谈你对"匆忙与休闲""休闲的异化"的看法

第5课 运动与健康

配套资源

阅读（一）

四年一度的奥林匹克运动会每次都会在全球掀起一股体育运动的热潮，也给人们带来无限的欢乐和激情。你有没有想过，奥林匹克运动的终极价值是什么？有人说，是金牌和荣誉，是"更高、更快、更强"的体育精神。你同意这样的观点吗？让我们看看世界体坛的一些明星大腕对体育竞赛都有怎样的感悟。

奥林匹克运动的终极（zhōngjí）价值

古希腊人说，让我们用体育和音乐来教育我们的孩子。在他们看来，身体与精神的健康对于一个人是不可或缺（bùkě-huòquē）的。甚至，由于确信能使二者和谐（héxié）统一的力量是如此美妙而不可思议（bùkě-sīyì），他们决定向宙斯（Zhòusī）①奉献上一个隆重（lóngzhòng）的仪式以示赞美，奥林匹克运动会②因此诞生了。

很多人认为"更高，更快，更强"是奥运会的终极精神。我不敢苟同（gǒutóng）。超越自身和战胜对手固然是人性中古老的冲动（chōngdòng），但是，当人们只是为了金牌而拼搏（pīnbó）呐喊

1. 终极：最终；最后。

2. 不可或缺：不能缺少。或：稍微。
3. 和谐：配合得适当和匀称。
4. 不可思议：不可想象，不能理解（含有神秘奥妙的意思）。
5. 隆重：盛大庄重。

6. 苟同：〈书〉随便地同意。
7. 冲动：能引起某种动作的神经兴奋。
8. 拼搏：使出全部力量搏斗或争取。
9. 呐喊：大声喊叫。

第 5 课　运动与健康

（nàhǎn）的时候，荣誉（róngyù）也变得异常脆弱（cuìruò），不管这荣誉是否只属于个人。许多丑闻（chǒuwén）不正是以国家或地区荣誉的名义发生的吗？黑哨（hēishào）③，假赛，兴奋剂（xīngfènjì）④……看到了一个个失神（shīshén）离场的运动员，你不会以为只有他们利欲熏心（lìyù-xūnxīn）、孤注一掷（gūzhù-yízhì）吧！我甚至对他们的软弱和无奈寄予（jìyǔ）同情，虽然他们有不可推卸（bùkě-tuīxiè）的责任，但对于自己的命运，他们又哪里能够完全掌握？当现代科技与医学已经使人不断接近身体的极限（jíxiàn），当"更高，更快，更强"在一些世界纪录面前已经失去意义，人类除了更早地把儿童输入严酷的训练机器，或者借助药物压榨（yāzhà）出最后的一点潜能外，真的还有许多其他选择吗？

在我看来，要寻找奥运的终极价值，就必须回到我们人本身。体育竞赛再次让我们发现这血肉之身躯的完美，以及健康精神带给它的神奇力量。当人类抛开肤色、语言、信仰（xìnyǎng）的差异，抛开仇恨、战争与偏见（piānjiàn），发现原来我们共同承载（chéngzài）上天的造化（zàohuà）与未来的命运，这是多么令人感动的觉悟！

我并非专业体育记者。也正是这个原因，我采访体坛名将时，往往把重点放在他们面对胜负的态度上，这其中既有赛场上的输赢也有人生中的得失。

当我与姚明肩并肩，不，应该是肩并腰站立的时候，他的坦率（tǎnshuài）给我留下了深刻的印象。"篮球带给我们的是一种战胜别人的快乐。"他说没能参加 2001 年的 NBA 选秀（xuǎnxiù）⑤让他很不服气（fúqì）。对于火箭队的生活，他表示有些

10. 荣誉：光荣的名声。
11. 脆弱：禁不起挫折；不坚强。
12. 丑闻：指有关人的不光彩的事情的传言或消息。
13. 失神：形容人的精神不振作或精神状态不正常。
14. 利欲熏心：被追求利益的欲望迷住了。
15. 孤注一掷：比喻在危急时把全部力量拿出来冒一次险。
16. 寄予：给予（同情、关怀等）。
17. 不可推卸：不可以（把责任）推给别人；不能不承担（责任）。
18. 极限：最高的限度。

19. 压榨：压取物体里的汁液。比喻剥削或搜刮。

20. 信仰：对某人或某种主张、主义、宗教极度相信和尊敬，拿来作为自己行动的榜样或指南。
21. 偏见：偏于一方面的见解；成见。
22. 承载：托着物体，承受它的重量。
23. 造化：创造；化育。

24. 坦率：坦白，直率。

25. 服气：从心底里信服。

迷茫(mímáng)："他们的节奏很快，我想我可能会不太适应。"年轻气盛的血性(xuèxìng)和自知之明(zìzhīzhīmíng)的冷静在他身上兼而有之，这或许是他日后在NBA表现稳定的重要心理素质。

丁俊晖，18岁那天成为第一个获得斯诺克世界冠军的中国运动员。当年父亲卖掉房产，一家人在有老鼠出没(chūmò)的走廊隔块板子生活，这样的牺牲使他的运动生涯充满压力，对于望子成龙、抛家舍业(pāojiā-shěyè)的父母，他是输不起的，但他需要成长的空间。终于有一天，他对不断教训他的父亲说："爸爸，这些我都知道了，您不用再说了。"父亲大吃一惊。也从那天起，他开始有了属于自己的斯诺克之路。"10年中，斯诺克教会我许多做人的道理。"礼貌、风度、对待输赢的优雅风范(fēngfàn)，让这个过早辍学(chuòxué)的孩子进入了成人世界。

在斯诺克球桌前，有一位英国人堪(kān)为丁俊晖的楷模(kǎimó)——史蒂夫·戴维斯，19岁打出147分满分，20世纪80年代斯诺克世界的统治者，6次世锦赛(Shìjǐnsài)⑥冠军，20次排名赛和73个职业赛冠军。在许多同时代选手纷纷退役(tuìyì)的时候，他却依旧快乐地抱着宝贝球杆全世界地跋涉(báshè)。"你只能红(hóng)极一时，不能红极一世。但你可以享受打球的过程，只要你的排名比实际年龄低。"他狡黠(jiǎoxiá)地一笑，带着英国人特有的低调(dīdiào)幽默感。

德国人就不苟言笑(bùgǒu-yánxiào)。网坛巨星鲍罗斯·贝克尔17岁拿下温网⑦冠军，感到"人们突然对我有了不同的表情，这是非常令人害怕的事情。因为他们的期望很高。如果你下一次拿

26. 迷茫：模糊而难以分辨清楚。
27. 血性：刚强正直的气质。
28. 自知之明：了解自己（多指缺点）了解得透彻的能力。
29. 出没：出现和隐藏。
30. 抛家舍业：为了做一件事抛弃家庭、舍弃事业。
31. 风范：〈书〉风度；气派。
32. 辍学：中途停止上学。
33. 堪：可；能。
34. 楷模：榜样；模范。
35. 退役：军人退出现役。泛指其他行业的人员退离专业岗位（多指运动员）。
36. 跋涉：爬山蹚水，形容旅途艰苦。
37. 红：象征成功或受人重视、欢迎。
38. 狡黠：〈书〉狡诈。
39. 低调：表示一种谦虚谨慎的态度，不张扬。
40. 不苟言笑：不随便说话、发笑。形容人态度庄重、严肃。

不到冠军，整个世界都会停止。"他给自传起的名字来自《浮士德》⑧中的一句名言"等待片刻（piànkè），停留一会儿"，此处的深意是他在经历了逃税、绯闻（fēiwén）、离婚、父亲去世等诸多（zhūduō）打击之后由衷（yóuzhōng）感叹："你和你内心的魔鬼（móguǐ）交谈，你开始思考自己能走多远，但你有自己的生理和心理极限。这时，你就处在天堂与炼狱（liànyù）⑨之间。"这大概就是为什么他近年主持的电视采访节目大受欢迎的原因，经历过人生低潮（dīcháo）与苦痛的人，才能给予受访者真正的理解与尊重。贝克尔幸运地在人生的比赛中转败为胜。

（选自《读者》2006年第24期，杨澜）

41. 片刻：极短的时间；一会儿。
42. 绯闻：特指发生在名人身上的情感方面的负面新闻。
43. 诸多：许多；好些个（用于抽象事物）。
44. 由衷：出于本心。
45. 魔鬼：宗教或神话传说中指迷惑人、害人性命的鬼怪。
46. 低潮：比喻事物发展过程中低落、停滞的阶段。

注释

① 宙斯：（英语：Zeus，希腊语：Ζεύς，或 Δίας），希腊神话中的主神，众神之神，奥林匹斯山最高统治者。
② 奥林匹克运动会：Olympic Games。
③ 黑哨：指球类比赛中的裁判违背公平性原则，在比赛中通过有意的误判、错判、漏判等主导比赛结果的一种行为。
④ 兴奋剂：英文 Dope，原义为"供赛马使用的一种鸦片麻醉混合剂"。运动员为提高成绩最早服用的药物大多属于兴奋剂药物。如今通常所说的兴奋剂不单指那些起兴奋作用的药物，实际上是对禁用药物的统称。
⑤ 选秀：选拔出在某方面表现优秀的人的一种活动。
⑥ 世锦赛：世界锦标赛（Championships）的简称。有很多运动都有世界锦标赛，比如篮球、排球、乒乓球、游泳、跳水、羽毛球等。
⑦ 温网：温布尔登网球公开赛（Wimbledon Championships）的简称。
⑧《浮士德》：德国文学家歌德的著名诗剧。诗剧主人公浮士德博士为寻求生命的意义，与魔鬼进行一场精神的较量，最后领悟到为生活和自由而战斗的人生意义。
⑨ 炼狱：天主教指人生前罪恶没有赎尽，死后灵魂暂时受罚的地方，也可用来比喻人经受磨难的艰苦环境。

练习 Exercises

一 用指定词语改写句子

1. "网络生活"已经成为越来越多的中国人日常生活方式中不能缺少的部分。（不可或缺）
   _____

2. 在黑棋强有力的攻击下，白棋似乎败局已定。但他毫不畏惧，竟然不顾一切向黑棋发起反击，使局面逐渐改观。（孤注一掷）
   _____

3. 到21世纪下半叶，地球上的人数将突破100亿，达到地球负担能力的最高限度。（极限）
   _____

4. 年轻的跳水运动员第一次参加国际比赛就取得这么好的成绩，实在让人不能想象。（不可思议）
   _____

5. 有人认为男孩比女孩聪明，这是一种成见。大量研究证明：男生的成绩偏于优秀和差两端，女孩成绩以中等居多。就平均成绩来看，男女没有明显差异。（偏见）
   _____

6. 代表们都对这种方式表示欢迎，认为自由坦白直率的直接对话有助于加快谈判进度。（坦率）
   _____

7. 发生这样的严重事故，这次活动的组织者和领导者负有责任，不可以把责任推给别人。（不可推卸）
   _____

8. 在比分落后的情况下，她没有慌张，沉思了一会儿，再次举枪，最后四枪枪枪命中靶心，转败为胜。（片刻）
   _____

9. 输掉这场比赛，他打心眼里不信服。两队的实力和技术水平差不多，只是对方运气更好一点而已。（服气）
   _____

10. 女排在第一局以大比分领先的情况下被对手翻盘，后两局更是陷入停滞状态，最终连输三局。（低潮）

___

11. 对于今后的股市，31%的人认为将上涨，29%的人认为将下跌，还有40%的人感觉分辨不清。（迷茫）

___

12. 初次见到导师，给我的印象是神情严肃、不随便说笑，后来发现他是个诙谐幽默、平易随和的人。（不苟言笑）

___

13. 现代设计是要把车和人非常完美适当地融合在一起，将汽车人性化，达到人车合一的地步。（和谐）

___

14. 每个人都为家乡翻天覆地的变化发自内心地自豪和高兴。（由衷）

___

二 下面这几组词语的意思相近或有联系，请查查词典，思考一下，然后把它们在词义和用法上的主要异同点填在下面的表格里。上课时，跟老师和同学讨论一下

1. 隆重——盛大

	隆重	盛大
相同点		
相异点		

2. 荣誉——声誉

	荣誉	声誉
相同点		
相异点		

3. 脆弱——软弱

	脆弱	软弱
相同点		
相异点		

4. 坦率——直率——坦白

	坦率	直率	坦白
相同点			
相异点			

第 5 课　运动与健康

三　**根据文章内容，用指定的词语完成下面的段落。不要照抄课文，理解课文内容后，请尽量用自己的话来写**

1. 古希腊人举办奥林匹克运动会是因为_____
   _____
   _____
   _____

   > 和谐　不可或缺
   > 不可思议　隆重　奉献

2. 如果把"更高，更快，更强"作为奥运会的终极精神，会_____
   _____
   _____

   > 荣誉　拼搏　脆弱
   > 丑闻　利欲熏心
   > 孤注一掷　不可推卸
   > 寄予　极限　压榨
   > 潜能

3. 奥运会的终极价值应该是_____
   _____
   _____

   > 身躯　抛开　信仰
   > 偏见　承载　造化

4. 英国人史蒂·戴维斯对于比赛胜负的态度是____
   _____
   _____

   > 红极一时　红极一世
   > 享受　跋涉　低调
   > 幽默

5. 德国网坛巨星鲍罗斯·贝克尔对于比赛胜负的体会是_____
   _____
   _____

   > 期望　片刻　诸多
   > 由衷　极限　低潮
   > 魔鬼　转败为胜

四　**写作实战练习**

问题提示

　　本文作者杨澜是中国著名的资深电视节目主持人。在这篇文章中，她阐述了自己对奥林匹克运动的终极价值的看法。现代竞技体育是一种新的文化，它给我们带来了很多好处，不仅有精神的愉悦和心理的满足，还有对社会文明和经济发展的推动和促进。但是，其中也有许多问题值得我们思考。比如，竞技体育的终极意义和价值何在？是为了国家和个人的荣誉？是为了挑战人体的极限？如何看待竞技体育与商业利益之间的关系？为什么会出现假球、黑哨、暴力、兴奋剂等等不和谐的音符？对于这些竞技体育运动中人们常常要面对的问题，你有怎样的看法？你认为奥林匹克运动的终极价值是什么？你怎样看待赛场上的输赢得失？由此我们还可以联想到，竞争是现代社会的一个基本特点，有人说，没有竞争就没有进步。你同意这种说法吗？竞争到底是利大于弊还是弊大于利？

写作提示

作者在阐述自己的观点时，采取了先驳论后立论的方法。作者首先驳斥了某种错误的观点，然后再提出了自己认为正确的主张。

本文在论证的过程中采用了举例说明论点的方法。作者列举了4位有代表性的体育明星的典型事例，从不同方面充分地证明了自己的论点。

写作练习

步骤一：学生搜集资料并分组讨论

先分组，参考"问题提示"中的问题，每组确定一个主题，然后分别上网搜集相关资料、事例，围绕这个问题进行讨论。

步骤二：讨论后列出大纲

我们组议论的主题是：＿＿＿＿＿＿＿＿＿＿＿＿＿＿＿

我们对此的看法是（先驳斥错误观点，再提出正面见解并列举事例）

我们要驳斥的错误观点是：＿＿＿＿＿＿＿＿＿＿＿＿＿＿＿＿＿＿＿

＿＿＿＿＿＿＿＿＿＿＿＿＿＿＿＿＿＿＿＿＿＿＿＿＿＿＿＿＿＿＿＿＿＿

＿＿＿＿＿＿＿＿＿＿＿＿＿＿＿＿＿＿＿＿＿＿＿＿＿＿＿＿＿＿＿＿＿＿

＿＿＿＿＿＿＿＿＿＿＿＿＿＿＿＿＿＿＿＿＿＿＿＿＿＿＿＿＿＿＿＿＿＿

我们认为正确的观点是：＿＿＿＿＿＿＿＿＿＿＿＿＿＿＿＿＿＿＿＿

＿＿＿＿＿＿＿＿＿＿＿＿＿＿＿＿＿＿＿＿＿＿＿＿＿＿＿＿＿＿＿＿＿＿

＿＿＿＿＿＿＿＿＿＿＿＿＿＿＿＿＿＿＿＿＿＿＿＿＿＿＿＿＿＿＿＿＿＿

＿＿＿＿＿＿＿＿＿＿＿＿＿＿＿＿＿＿＿＿＿＿＿＿＿＿＿＿＿＿＿＿＿＿

可以支持我们看法的事例有：
（1）_____
_____
_____

（2）_____
_____
_____

（3）_____
_____
_____

其他：
_____
_____

总结：
_____
_____

步骤三：写作

具体要求：

1. 文章内容：

　① 明确说出要讨论的问题，以及自己的主要观点。

　② 指出在这个问题上的某些错误观点，说明正确的观点。

　③ 举出能够证明正确观点的事例。

　④ 总结全文，强调作者对所要讨论的问题的看法。

2. 写作方法：

　① 文体为议论文。

　② 在结构上，先驳论，再立论，然后再用事实来说明自己的观点。

3. 使用词语：在文章至少使用8个本课所学的新词语。

4. 字数：800字左右。

步骤四：修改并定稿

　　完成作文后请老师提出意见，再根据老师的意见进行修改，最后抄写到作文本或稿纸上，也可以输入电脑并打印出来。

阅读（二）

病毒，你一听到这个熟悉而又可怕的词语，一定会谈虎色变，惟恐避之不及吧？一说起它，也总会让人联想到世界各地在历史上、现实中发生的种种流行疾病和造成的死亡。那么病毒除了"凶神恶煞"的一面以外，还有其他面孔吗？它除了给人类带来灾难，还有别的作用吗？在人类生存和进化的过程当中，病毒又扮演了怎样不同寻常的角色呢？下面这篇文章将一一道来，让你对病毒有一个全新的认识。

如果没有病毒

病毒（bìngdú），一个让人不寒而栗（bùhán'érlì）的名字。总是与疾病和死亡紧密联系在一起，天花①、鼠疫（shǔyì）②、艾滋病（àizībìng）③、疯牛病④等等骇人听闻（hàiréntīngwén）的病症都是因为某种病毒入侵的结果。其实，病毒也有可爱的一面，它在很多方面有独特的价值。地球上的病毒绝大多数能够与人类和平共处（hépíng gòngchǔ）、相安无事（xiāng'ān wúshì），有些自始至终就是我们的好朋友，为人类做出了许多贡献。可以毫不夸张地说：如果没有病毒，世界将因之变色！

如果没有病毒，生物不会如此进化

过去，我们把人体内的病毒都视为致病病毒，其实，这是一种片面的看法。实际上，在人体内的所有病毒中，致病病毒只占少数，而且它们大多只在人体感染（gǎnrǎn）的这段极短的时间内生存，

---

1. 病毒：virus。
2. 不寒而栗：不寒冷而发抖。形容非常恐惧。
3. 骇人听闻：使人听了非常吃惊（多指社会上发生的坏事）。
4. 和平共处：彼此不发生冲突而共存。
5. 相安无事：相处没有冲突。

6. 感染：受到传染。

第5课　运动与健康

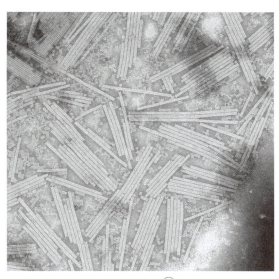

在患者（huànzhě）被治愈（yù）或死亡后，这些病毒也就随之死亡或"转移阵地"了。那些长时间待在人体内的病毒大多数对人体无害，并不会引起症状，而且还会对宿主（sùzhǔ）⑤产生一些有益的作用。例如，一种内源性逆转录病毒（ERV），在进化过程中就与哺乳动物（bǔrǔ dòngwù）⑥的细胞形成了非常亲密的关系，并成为高级哺乳动物DNA的组成部分。

在生物进化过程中，人和脊椎动物（jǐzhuī dòngwù）⑦直接从病毒那里获得了一百多种基因（jīyīn），这是病毒侵入人体和高级哺乳动物细胞内的结果。人类自身体内复制DNA的酶（méi）⑧系统就有病毒的功劳。众所周知（zhòngsuǒ-zhōuzhī），人体和生物体都是排他（páitā）的系统。但是，母亲体内的免疫系统（miǎnyì xìtǒng）⑨为什么不排斥（páichì）胎儿（tāi'ér）呢？人们对此提出了很多假说（jiǎshuō），其中之一就是有某种制约（zhìyuē）因素在起作用。现在研究证实了ERV能够通过调节胎盘（tāipán）⑩的功能来阻止母亲的免疫系统排斥胎儿，保证胎盘的形成。因此研究人员称这样的病毒是母亲的小帮手。没有它们，就没有人类和高级哺乳动物的今天。

7. 患者：得某种疾病的人。
8. 愈：（伤病）好了。
9. 基因：Gene，生物体遗传的基本单位。
10. 众所周知：大家全都知道。
11. 排他：一事物不容许另一事物与自己在统一范围内并存。
12. 排斥：使别的人或事物离开自己这方面。
13. 胎儿：母体内的幼体。
14. 假说：假设。科学研究上对客观事物的假定的说明。
15. 制约：restrict; restrain。甲事物本身的存在和变化以乙事物的存在和变化为条件，则甲事物为乙事物所制约。

103

如果没有病毒,疾病就会更加猖狂(chāngkuáng)

有一些对人体无害的病毒还可以成为"小医生",能帮助消除有害病毒。美国科学家最近尝试用一种经过基因改造的感冒病毒治疗老鼠(lǎoshǔ)的脑部肿瘤(zhǒngliú),取得良好疗效。这种病毒能够侵入并杀死老鼠脑中的肿瘤细胞,但并不影响老鼠体内其他健康细胞的正常功能。它能使患恶性脑肿瘤的老鼠多活一百二十多天,这一病毒疗法对60%的实验鼠有效。主持这一实验的科学家说,这一疗法为那些不宜接受手术的脑肿瘤患者带来了希望。

与上述发现相隔不久,加拿大的科学家也发现了一种能够杀死癌细胞的病毒。这是一种遍布人体的滤过性病毒(lǜguòxìng bìngdú)⑪,它对人体无害,但可以杀死不同种类的癌细胞。研究人员用老鼠进行实验,发现注射这种病毒后,老鼠身上的恶性肿瘤就会消失。提起艾滋病病毒,人们总会把它和死亡联系在一起。然而,有的科学家却大胆尝试用这些令人闻风丧胆(wénfēng-sàngdǎn)的病毒来"以毒攻毒(yǐdú-gōngdú)",开辟了一种治疗中枢神经系统(zhōngshū shénjīng xìtǒng)⑫疾病的新方法。帕金森综合征(Pàjīnsēn zōnghézhēng)⑬和老年性痴呆症(lǎoniánxìng chīdāizhèng)⑭是两种常见的中枢神经系统的疾病。科学家设想,用艾滋病病毒中携带的遗传(yíchuán)基因,替代患者身体细胞内有缺陷的遗传基因,可以治疗这些疑难(yínán)病症。

---

16. 猖狂:狂妄而放肆。
17. 老鼠:mouse。
18. 肿瘤:tumour,机体某一部分组织细胞长期不正常增生所形成的新生物。对机体有危害性,分为良性和恶性肿瘤。
19. 闻风丧胆:听到一点风声就吓破了胆。形容对某种力量极端恐惧。
20. 以毒攻毒:用毒药来治疗疾病。比喻利用有害的事物来对付有害的事物。
21. 遗传:生物体的构造和生理机能等由上代传给下代。
22. 疑难:有疑问而难于判断或处理的。

第 5 课　运动与健康

如果没有病毒，生态(shēngtài)不会如此平衡

地球上所有的物种(wùzhǒng)都是在过去的35亿年间产生、繁衍和进化的，其中一些物种之间在进化过程中相互作用，病毒也一样，在漫长的进化过程中，它们曾经"试探(shìtàn)"了各种各样的宿主。如果对方的"抗性"太弱，便会被"斩尽杀绝(zhǎnjìn-shājué)"。就在这漫长而又不断"磨合(móhé)"的过程中，物种之间形成了相对稳定的协同(xiétóng)进化关系，生态系统也平衡下来。

然而，当一个物种接触到陌生的病毒，因为没有抵抗力而无法控制病毒的大量繁衍，病毒便会大爆发，灾难也就出现了。除了这种方式，病毒自身也可能发生变异[15]和出现返祖现象[16]，而导致宿主原有的抵抗力减弱或消失。其实，自然界中的很多灾难，包括外来物种入侵，正是由于这个原因。

19世纪欧洲(Ōuzhōu)[17]的兔子随着英国的殖民者(zhímínzhě)来到澳大利亚，因为当地牧草丰富，又无高等食肉动物，致使(zhìshǐ)兔子数量剧增，仅百年时间，当地野兔已达70亿只。兔子与羊争牧草，并打洞破坏草原，严重危害了草原生态平衡和畜牧业(xùmùyè)发展。于是，澳大利亚政府在1950年"蓄意(xùyì)"引入了一种粘液瘤(niányèliú)[18]病毒，欧洲兔一旦感染这种病毒，死亡率几乎达百分之百，而病毒的天然传播媒介(méijiè)是蚊子。开始时很成功，在澳大利亚东南部蚊子肆虐(sìnüè)的地区，兔瘟疫(wēnyì)像野火般蔓延(mànyán)，3年内就沿着南部海岸到达了澳大利亚西部，杀死各地99%的兔子。但好景(hǎojǐng)不长，不久，杀死率逐渐降低，兔子

23. 生态：ecology，生物在一定的自然环境下生存和发展的状态。
24. 物种：species，生物分类的基本单元与核心。是一群可以交配并繁衍后代的个体，但与其他生物不能交配，或交配后产生的杂种不能再繁衍。简称种。
25. 试探：试着探索（某种问题）。
26. 斩尽杀绝：全部杀光，一个不留。
27. 磨合：形容两者经过调整，逐步互相熟悉适应的过程。
28. 协同：各方互相配合或一方协助另一方做某事。

29. 殖民者：colonizer。
30. 致使：由于某种原因而使得；以致。

31. 畜牧业：饲养大批的牲畜和家禽的行业。
32. 蓄意：存心；早就有这个意思（指坏的）。
33. 媒介：使双方（人或事物）发生关系的人或事物。
34. 肆虐：任意残杀或迫害；起破坏作用。
35. 瘟疫：流行性急性传染病。
36. 蔓延：形容像野草一样不断向周围扩展。
37. 好景：美好的景况。

数量渐渐回升(huíshēng)。为何会出现这种现象呢?实验表明,野兔身上病毒的毒性减弱,而且它们抵抗病毒的能力也大大提高了。可以说,澳洲(Àozhōu)⑲人在不经意间做了一项大规模的"物竞天择(wùjìng-tiānzé)"实验。

(选自《百科知识》2005年2月下半月刊,黄小丽、杨美健)

38. 回升:下降后又往上升。

39. 物竞天择:是达尔文进化论的核心。生物互相竞争,能适应生活者被选择存留下来。

注释

① 天花:smallpox,由天花病毒引起的烈性传染病,是到目前为止,在世界范围被人类消灭的第一个传染病。

② 鼠疫:plague,感染鼠疫杆菌引起的烈性传染病。

③ 艾滋病:AIDS(Acquired Immune Deficiency Syndrome),获得性免疫缺陷综合症。

④ 疯牛病:BSE(Bovine Spongiform Encephalopathy),牛脑海绵状病。

⑤ 宿主:host,也称寄主,为寄生生物提供生存环境的生物。

⑥ 哺乳动物:mammal,最高等的脊椎动物,大部分都是胎生,并借由乳腺哺育后代。

⑦ 脊椎动物:Vertebrata,有脊椎骨的动物,是脊索动物的一个亚门。这一类动物一般体形左右对称,全身分为头、躯干、尾三个部分,躯干又被横膈膜分成胸部和腹部,有比较完善的感觉器官、运动器官和高度分化的神经系统。包括鱼类、两栖动物、爬行动物、鸟类和哺乳动物等五大类。

⑧ 酶:enzyme。

⑨ 免疫系统:immune system。

⑩ 胎盘:placenta,介于母体的子宫内壁和胎儿之间的圆饼状组织,通过脐带和胎儿相连,是胎儿和母体的主要联系物。

⑪ 滤过性病毒:ultravirus; filterable virus。

⑫ 中枢神经系统:CNS(central nervous system)。

⑬ 帕金森综合征:Parkinson's disease,又称震颤麻痹,是中老年人最常见的中枢神经系统变性疾病。

⑭ 老年性痴呆症:Alzheimer's Disease(AD),老年期发生的以慢性进行性智力衰退为主要表现的一种神经精神疾病,又称阿尔茨海默病。

⑮ 变异:variation,同种生物世代之间或同代生物不同个体之间在形态特征、生理特征等方面所表现的差异。

⑯ 返祖现象:atavism,后裔中出现祖先性状的现象。

⑰ 欧洲：Europe。
⑱ 粘液瘤：myxomatosis，文中所指为多发性粘液瘤。
⑲ 澳洲：Australia。

练习　　　Exercises

一　根据下面句子的意思写出相应的词语

1. 像蔓草一样不断向周围扩展。　　　　　　　　　　　　（　　　）
2. 受到传染。　　　　　　　　　　　　　　　　　　　　（　　　）
3. 下降后又往上升。　　　　　　　　　　　　　　　　　（　　　）
4. 有疑问而难于判断或处理的。　　　　　　　　　　　　（　　　）
5. 各方互相配合或一方协助另一方做某事。　　　　　　　（　　　）
6. 使别的人或事物离开自己这方面。　　　　　　　　　　（　　　）
7. 存心。　　　　　　　　　　　　　　　　　　　　　　（　　　）
8. 大家全都知道。　　　　　　　　　　　　　　　　　　（　　　）
9. 不寒冷而发抖。形容非常恐惧。　　　　　　　　　　　（　　　）
10. 听到风声就吓破了胆。形容非常恐惧。　　　　　　　　（　　　）
11. 使人听了非常吃惊。　　　　　　　　　　　　　　　　（　　　）
12. 相处没有冲突。　　　　　　　　　　　　　　　　　　（　　　）
13. 彼此不发生冲突而共存。　　　　　　　　　　　　　　（　　　）
14. 两者经过碰撞、摩擦、调整、改善，逐步熟悉适应的过程。（　　　）
15. 比喻利用有害的事物来对付有害的事物。　　　　　　　（　　　）

二　根据文章的内容，判断下面的哪句话是正确的

☐ 1. 地球上的病毒大多是有害的，但也有少数病毒能够与人类和平共处、相安无事。

☐ 2. 致病病毒大多只在人体感染的极短时间内生存，在患者被治愈或死亡后也就随之死亡或"转移阵地"了。

☐ 3. 在生物进化过程中，由于病毒的侵入，人和脊椎动物获得几百种基因。

☐ 4. 有些病毒不仅对人体无害，还可以像医生那样帮助消除有害病毒。

☐ 5. 科学家已经成功地用艾滋病病毒替代患者身体有缺陷的遗传基因治疗了一些疑难病症。

☐ 6. 在病毒和各种宿主漫长而又不断"磨合"的过程中，物种之间形成了相对稳定的协同进化关系，从而达到生态系统的平衡。

☐ 7. 陌生的病毒会因为物种没有抵抗力而大量繁衍，造成灾难。

☐ 8. 19世纪，英国人将欧洲兔带到澳大利亚，百年时间，野兔数量剧增达70亿只。

☐ 9. 为了保护草原生态平衡和畜牧业的发展，澳大利亚政府引入一种粘液瘤病毒，欧洲兔感染病毒后，死亡率几乎达百分之百。

☐ 10. 不久，随着病毒毒性的减弱，欧洲兔抵抗病毒的能力大大提高，兔子的数量又逐渐回升。

☐ 11. 澳洲人蓄意进行了一项大规模的"物竞天择"的实验。

三 根据文章内容，用右侧一栏中的"参考词语"完成下面的表格。请不要照抄课文，清楚地理解课文内容后，尽量用自己的话来写

病毒种类	作用/特点	事例	参考词语
致病病毒			总是　侵入　不寒而栗 骇人听闻　感染　治愈 随之
无害病毒			和平共处　相安无事
有益病毒	（1）		基因　众所周知　免疫系统　排斥
	（2）		猖狂　恶性　以毒攻毒 遗传基因　开辟　疑难
	（3）		试探　磨合　协同 生态平衡　抵抗力 瘟疫　蔓延　物竞天择

四 写作实战练习

问题提示

阅读了这篇文章之后，你对病毒的看法有改变吗？有什么新的认识？你对病毒还有哪些了解？还知道哪些事例？

自然界中的万事万物，大都是复杂的、多面性的，比如与我们身体健康相关的就有：蔬果、肉类、油脂、药物、运动、休息、疾病、死亡等等。你对这些生活中常见的事物有着什么样的认知？你觉得它们的复杂性、多面性表现在什么地方？另外，你觉得这样的思考对我们更加科学地认识事物、更加合理地安排生活有什么帮助吗？

写作提示

这篇文章的整体结构是并列式结构。文章开头从病毒的危害之处说起，引出病毒的另一方面。正文部分从三个方面指出病毒的有益之处，并行排列，一目了然。

文章的一些地方采用了拟人的写法。拟人是一种修辞方式，就是把事物人格化，赋予人的行为特点。比如文章中说："病毒也有可爱的一面，大多数能与人类和平共处、相安无事，有些就是我们的好朋友，为人类做出了许多贡献。"全班同学可以一起找一找文章中其他运用拟人手法的地方。

写作练习

步骤一：分组讨论

分组，确定"问题提示"中提到的某一类或某一种事物，讨论一下可以从几个方面来看待它，然后组长给每个人分配具体任务，各自上网搜集相关资料、事例，一起讨论这些材料。

我们组要说的事物是：_____

步骤二：讨论后列出大纲

我们所介绍的事物的复杂性和多面性具体表现在（在举出具体的事例时，请尽量使用拟人化的修辞手法）：

（1）_____
_____
_____

（2）

（3）

其他：

总结：

步骤三：写作

具体要求：

1. 文章内容：
   ① 说明所选择的事物是什么，简单介绍情况。
   ② 这个事物的复杂性和多面性有哪些表现。
   ③ 总结全文内容。

2. 写作方法：
   ① 文体为说明文。
   ② 可以用并列的方式来安排文章的结构。
   ③ 尝试采用拟人化的修辞手法，增加文章的趣味性和生动性。

3. 使用词语：在文章至少使用8个本课所学的新词语。

4. 字数：800字左右。

步骤四：修改并定稿，并做成PPT在全班报告。

小组完成文章后，做出PPT，力争做到图文并茂，生动活泼。每组派一位同学到台上向全班报告。在报告过程中，应该有全班同学互动的环节。

第5课 运动与健康

补充阅读与思考

四种竞赛的本质

我爱看四种运动竞赛：足球、篮球、棒球、高尔夫。四种竞赛，比的是四种不同的力量。

足球，是想象力。

足球场不比篮球场，那么大一片面积，不论是场上的球员还是场边的教练，都不如篮球那么好掌握。时间，也比篮球长得多，又没有暂停。因此，教练没法在半途面授机宜，他只能靠中场休息和三次更换球员的机会，传达他调整策略的信息，改变整个球队的进攻或防守策略。在这么多限制条件下，足球比的是想象力。不论教练还是场上的球员，如果仅仅靠拼体力、拼斗志、拼个人技术，甚至拼团队作战，都和其他运动相差不多，突出不了足球的微妙。

足球的想象力是什么？2006年澳大利亚对日本之战，最后八分钟，希丁克连续换将，那是教练在场外想象力的一个杰作；阿根廷对塞黑之战，经过二十六次传球之后踢进的那美妙的一球，是球员在场上想象力的一个杰作。没有想象力的足球，赢了多少场都不算是精彩的足球。

篮球，是进攻力。

什么运动比赛结果动辄（dòngzhé）以数十分计，甚至达到一百多分？篮球。如果篮球没有进攻力，是没劲的。篮球不但要比全场的进攻力，更要比最后关头的进攻力。伟大的篮球巨星，都是有能力在比赛剩最后几秒、甚至零点几秒的时候，在自己球队还落后两分的情况下，稳稳地出手投进三分球，改写胜败。

1998年NBA冠军战公牛对爵士（juéshì）的那一场比赛，公牛几乎是整场落后。最后五点四秒，爵士在马龙的控球下，要发动最后一次攻击的时候，乔丹却吐着舌头从他身后把球抄走，最后以一分之差完胜爵士。乔丹之所以被称为大帝，不只是他经常在关键战有四五十分的得分，还在于他在最后关头总有取胜的进攻力。

棒球，是坚持力。

没有任何运动竞赛，像棒球这样，起码在理论上，是可以永无时间限制地一局局延长赛下去。并且，不要忘了那句名言："棒球，是从九局下半二人出局之后开始的。"

2001年的美国职业棒球总冠军战，是世界大赛代表之一。亚利桑那响尾蛇与纽约洋基鏖战（áozhàn）七场，不论是洋基赢的第四战和第五战，还是最后响尾蛇封王的第七战，战局都是到九局下半改写的。2004年世界大赛，波士顿红袜队碰上世仇洋基，在连输三场之后又连赢四场，一扫百年耻辱（chǐrǔ）。这场比赛也是在第四场到第九局下半仍以三比四落后时，才开始吹起反攻的号角。

棒球比赛，玩的是在球队落后十分到九局下半二人出局后，只剩下你最后一名球员进攻，球数又停在两好无坏球的时候，你可以对自己微微一笑，告诉自己："好吧，比赛现在终于要开始了。"

高尔夫，是定力。

高尔夫不是比进攻数多的，而是比进攻数少的比赛。十八个洞，每一个人每一洞四杆，共七十二杆标准杆。谁能用每洞少于四杆，十八洞少于七十二杆的杆数打完，谁就是胜利者。高尔夫最有趣的，又在配组上。每一天，你总是要和自己成绩最近的一人配成一组一起比赛。在这种压力下，大家比的是杆数少，更是失误少。

1985年，台湾选手陈志忠参加美国高尔夫公开赛，开赛第一天就打出美国公开赛开赛八十五年首见的"双鹰（yīng）"，接着一路领先。然而到最后一天，却在压力之下，连连犯下不忍卒睹（bùrěn-zúdǔ）的失误，最后与冠军失之交臂，屈居第二，令人扼腕（èwǎn）。当时美国的报纸就说："日后，大家记得的不是谁拿到了今年的美国高尔夫公开赛冠军，而是陈志忠怎么输掉了他的冠军。"

高尔夫，玩的是老僧（sēng）入定，自己与自己的对话。不论别人表现如何，每一杆你都只求全力把自己最好的成绩表现出来。

看这四种比赛多年，我感谢那么多球队与球员在比赛中给了我那么多启发——不论在人生还是工作之中。

（选自《工作DNA：鲸鱼卷》2013年，译林出版社，郝明义）

第 5 课　运动与健康

二　读完全文，请你想一想、说一说

1. 你喜欢足球、篮球、棒球、高尔夫球这几项运动吗？你赞同作者对这几项运动的说法吗？请说出你的理由。
2. 分组，每人选定上面说到的一到两项运动，重新组织语言叙述一下文章的观点。

三　分组，模仿课文，从运动、动物、植物、食物、服装、汽车等等大的门类中选出有代表性的几项小的类别，大家一起讨论一下，总结出它们的特点

第 6 课　历史与现实

阅读（一）

位于河北省承德的避暑山庄原来是清代的皇家园林，现在是中国著名的名胜古迹。顾名思义，它是清朝的皇室贵族避暑的地方。清代的皇帝为什么要把对他们来说这么重要的建筑建在长城之外这个安全性相对薄弱的地方呢？它仅仅是皇帝和贵族避暑休憩的胜地吗？本文作者从少年英武、雄才大略的康熙帝谈起，道出康熙选择这个地方建筑山庄的目的所在。作者对清代政治、军事等方面的历史经验进行了探索和总结，这对于当下也不无借鉴的意义。

一个王朝的背影

承德①的避暑山庄②是清代③的皇家园林，又称热河行宫④、承德离宫⑤，虽然闻名史册（shǐcè），但直到这几年才被旅游者搅得有点热闹。有一年夏天我去那里讲课，住所正在避暑山庄的背后。刚到那天，我独自走出住所大门，对着眼前的山岭（shānlǐng）发呆。查过地图，这山岭便是避暑山庄北部的最后屏障（píngzhàng），就像一张罗圈椅⑥的椅背。在这张罗圈椅上，休息过一个疲惫（píbèi）的王朝（wángcháo）。奇怪的是，整个中华版图

1. 史册：记载历史的书籍、史书。

2. 山岭：山峰。

3. 屏障：像屏风那样遮挡着的东西（多指山岭、岛屿等）。
4. 疲惫：非常累。
5. 王朝：朝代或朝廷。
6. 版图：泛指国家的领土、疆域。

（bǎntú）都已归属了这个王朝，为什么还要把这张休息的罗圈椅放到长城之外呢？清代的帝王们在这张椅子上面南而坐的时候都在想一些什么呢？它实在对我产生了一种巨大的诱惑（yòuhuò），于是讲完几次课，便一头埋到了山庄里边。

山庄很大，本来觉得北京的颐和园已经大得令人咋舌（zéshé）了，它竟比颐和园还大整整一倍，据说装下八九个北海公园是没有问题的。我想不出国内还有哪个古典园林能望其项背（wàngqí-xiàngbèi）。山庄外面还有一圈被称为"外八庙⑦"的寺庙（sìmiào）群，这暂不去说它，光说山庄里面，除了前半部有层层叠叠（céngcéng-diédié）的宫殿外，主要是湖区、平原区和山区。尤其是山区，几乎占了整个山庄的八成左右，这让游惯了别的园林的人很不习惯。园林是用来休闲的，何况是皇家园林，大多追求方便舒适，有的也会堆几座小山装点（zhuāngdiǎn）一下，哪有像这儿的，硬是圈进一大片真正的山岭来消遣（xiāoqiǎn）？这个格局（géjú），包含着一种需要我们抬头仰望、低头思索的审美观念和人生观念。

山庄里有很多楹联（yínglián）和石碑，上面的文字大多由皇帝们亲自书写。他们当然想不到多少年后会有我们这些陌生人闯入他们的私家园林，来

7. 诱惑：吸引；招引。

8. 咋舌：因惊异而说不出话。

9. 望其项背：能够望见别人的脖子和后背，表示赶得上或比得上（多用于否定式）。
10. 寺庙：供奉神佛或历史上有名人物的处所；庙宇。
11. 层叠：重叠。

12. 装点：装饰点缀。

13. 消遣：用自己感觉愉快的事来度过空闲时间；消闲解闷。
14. 格局：结构和格式。

15. 楹联：挂或贴在堂屋前部柱子上的对联。泛指对联。

读这些文字,这些文字是写给他们后辈继承人看的。朝廷(cháotíng)被别人看的东西很多,有大量的官样文章,而写在这里的文字,总的说来是说给儿孙们听的话,比较真实可信。我辨识(biànshí)和解读着一切能找到的文字,连藏在山间树林中的石碑都不放过。一路走去,终于可以有把握地说,山庄的营造,完全出自一代政治家在精神上的强健。

首先是康熙(Kāngxī)⑧。山庄正宫午门⑨上悬挂着的"避暑山庄"四个字就是他写的,这四个汉字写得很好,撇(piě)捺(nà)间显示出一个胜利者的从容和安详(ānxiáng),可以想见(xiǎngjiàn)他首次踏进山庄的步履也是这样的。他一定会这样,因为他是走了一条艰难而又成功的长途才走进山庄的,到这里来喘口气,应该。

他一生的艰难都是自找的。他的父辈本来已经给他打下了一个很完整的华夏⑩江山(jiāngshān),他8岁即位(jí wèi),14岁亲政(qīnzhèng),年轻轻一个孩子,坐享其成(zuò xiǎng qí chéng)就是了,能在如此辽阔(liáokuò)的疆土、如此兴盛(xīngshèng)的运势前做些什么呢?他稚气(zhìqì)未脱的眼睛,竟然疑惑地盯上了两个庞然大物(pángrán-dàwù),一个是朝廷中最有权势(quánshì)的辅政大臣(fǔzhèng dàchén)

16. 朝廷:以君主为首的中央统治机构。

17. 辨识:辨认;识别。

18. 撇:汉字的笔画,向左斜下,形状是"丿"。
19. 捺:汉字的笔画,向右斜下,形状是"㇏"。
20. 安详:从容不迫;稳重。
21. 想见:由推想而知道。

22. 江山:江河和山岭,多用来指国家或国家政权。
23. 即位:指开始作帝王或诸侯。
24. 亲政:幼年继位的帝王成年后亲自处理政事。
25. 坐享其成:自己不出力而享受别人的劳动成果。
26. 辽阔:辽远广阔;宽广空旷。
27. 兴盛:蓬勃发展。
28. 稚气:孩子气。
29. 庞然大物:外表很大的东西。

鳌拜（Áobài）⑪，一个是拥兵自重（yōngbīngzìzhòng）于南方的吴三桂⑫。平心而论（píngxīn'érlùn），对于这样与自己的祖辈、父辈都有密切关系的重要政治势力，即便是德高望重（dégāowàngzhòng）的一代雄主（xióngzhǔ）也未必下得了决心去动手。但康熙却向他们，也向自己挑战了。16岁上除了鳌拜集团，20岁开始向吴三桂开战，花8年时间的征战（zhēngzhàn）取得了彻底胜利。他等于把到手的江山重新打理（dǎlǐ）了一遍，使自己从一个继承者变成了创业者。他成熟了，眼前几乎已经找不到什么对手，但他还是经常骑着马，在中国北方的山林间徘徊，这是他祖辈崛起的所在，他在寻找着自己的生命和事业的依托（yītuō）点。

他每次都要经过长城，长城多年失修，已经破败。对着这堵（dǔ）受到历代帝王关心的城墙，他想了很多。他的祖辈是破长城进来的，没有吴三桂也绝对进得了，那么长城究竟有什么用呢？一个朝廷，难道就靠这些砖块去保卫？但是如果没有长城，我们的防线又在哪里呢？所以1691年5月，当古北口总兵官⑬蔡元向朝廷提出修筑长城时，康熙竟然完全不同意。这样一来，清代成了中国古代基本上不大修长城的一个朝代。当然，我们今天从保护文物的意义上去修理长城完全是另外一回事了。

康熙希望能筑起一座无形的长城。实际上他有硬的一手和软的一手。硬的一手是在长城外设立"木兰围场⑭"，每年秋天，由皇帝亲自率领王公大臣、各级官兵一万余人去进行大规模的"围猎⑮"，实际上是一种军事演习（yǎnxí），这既可以使王公

---

30. 拥兵自重：拥有军队，抬高自己的身价或地位。通常指手握重兵的大将，专横跋扈不服从上级或者朝廷的管制，挑战中央政权。
31. 平心而论：平心静气地评论。
32. 德高望重：品德高尚，名望很大。
33. 雄主：有雄才大略的君主。
34. 征战：出征作战。
35. 打理：料理、操持。
36. 依托：依靠。
37. 堵：量词，用于墙。
38. 演习：实地练习（多指军事的）。

大臣们保持住勇猛、强悍（qiánghàn）的人生风范，又可顺便对北方边境起一个威慑（wēishè）作用。"木兰围场"既然设在长城之外，当然要建造一些大大小小的行宫，而热河行宫，就是其中最大的一座。软的一手是与北方边疆的各少数民族建立起一种常来常往的友好关系，他们的首领（shǒulǐng）不必长途进京也有与清廷彼此往来的机会和场所，而且还为他们准备下各自的宗教场所，这也就需要有热河行宫和它周围的寺庙群了。说是避暑，说是休息，意义却又远远不止于此。把复杂的政治目的和军事意义转化为一片幽静（yōujìng）闲适的园林，一圈香火缭绕（xiānghuǒ liáorào）的寺庙，这不能不说是康熙的大本事。然而，眼前又是地地道道的园林和寺庙，地地道道的休息和祈祷（qídǎo），军事和政治已经消解，如果不是那些石碑提醒，我们甚至连可以疑惑的痕迹都找不到。

避暑山庄其实就是康熙的"长城"，与蜿蜒（wānyán）千里的秦始皇（Qínshǐhuáng）⑯长城相比，哪个更高明些呢？

（节选自《山居笔记》2002年，文汇出版社，余秋雨）

39. 强悍：强大勇猛。
40. 威慑：用武力使对方感到恐惧。
41. 首领：指某些集团的领导人。
42. 幽静：优雅寂静。
43. 香火：人们供佛敬神时燃点的香和灯火。
44. 缭绕：回环旋转。
45. 祈祷：一种宗教仪式，信仰宗教的人向神默告自己的愿望。
46. 蜿蜒：（山脉、河流、道路等）弯弯曲曲地延伸。

注释

① 承德：市名，位于河北省东北部。
② 避暑山庄：the Mountain Resort，清代皇帝夏日避暑和处理政务的场所，中国著名的古代帝王宫苑。位于河北省承德市北部。1994年避暑山庄及周围寺庙（热河行宫）被列入世界文化遗产名录。
③ 清代：1616—1911，封建王朝。满族人努尔哈赤所建，初名后金，1636年改为清。1644年定都北京。1911年辛亥革命爆发，清王朝被推翻，从此结束中国两千多年的封建帝制。
④ 热河行宫：热河，地名；行宫，供帝王在京城之外居住的宫殿。承德避暑山庄原名。
⑤ 承德离宫：承德避暑山庄又名。离宫，帝王在都城之外的宫殿，泛指帝王出巡时的住所。

第 6 课　历史与现实

⑥ 罗圈椅：圈背连着扶手，是中华民族独具特色的椅子样式之一。明代时称太师椅。
⑦ 外八庙：在避暑山庄周围依照西藏、新疆喇嘛教寺庙的形式修建的喇嘛教寺庙群，供西方、北方少数民族的上层及贵族朝觐皇帝时礼佛之用。
⑧ 康熙：1654—1722，清朝第四位皇帝，清军入关以来第二位皇帝，年号"康熙"，为中国历史上的成功帝王之一。
⑨ 午门：紫禁城的正门，位于紫禁城南北轴线。本文借用于避暑山庄。
⑩ 华夏：中国的古称。
⑪ 鳌拜：清初权臣。清朝三代元勋，康熙帝早年辅政大臣之一。前半生军功赫赫，后半生操握权柄，后被擒，死于囚牢。
⑫ 吴三桂：1612—1678，明崇祯时为辽东总兵，镇守山海关。1644 年降清，引清军入关，被封为平西王。后叛清，发动三藩之乱。
⑬ 古北口总兵官：古北口，山海关、居庸关两关之间的长城要塞。总兵官，明清两代武职官名。
⑭ 木兰围场：清代皇家猎苑。位于河北省东北部。
⑮ 围猎：从四面合围起来捕捉禽兽。
⑯ 秦始皇：前 259—前 210，又称嬴政。秦朝建立者。建立了中国历史上第一个统一的中央集权的封建国家。也是中国历史上第一个使用"皇帝"称号的君主。秦朝的建立对之后两千年的中国封建社会和世界历史都产生了深远影响。

练习　Exercises

一　根据下面句子的意思写出相应的词语

1. 历史记录。　　　　　　　　　　　　　　（　　　　）
2. 非常疲乏。　　　　　　　　　　　　　　（　　　　）
3. 从容不迫；稳重。　　　　　　　　　　　（　　　　）
4. 优雅寂静。　　　　　　　　　　　　　　（　　　　）
5. 强大勇猛。　　　　　　　　　　　　　　（　　　　）
6. 用武力使对方感到恐惧。　　　　　　　　（　　　　）
7. 平心静气地评论。　　　　　　　　　　　（　　　　）
8. 吸引；招引。　　　　　　　　　　　　　（　　　　）
9. 宽广空旷。　　　　　　　　　　　　　　（　　　　）
10.（山脉、道路等）弯弯曲曲地延伸。　　　（　　　　）
11. 依靠。　　　　　　　　　　　　　　　　（　　　　）

12. 外表很大的东西。   （   ）
13. 品德高尚，名望很大。   （   ）
14. 自己不出力而享受别人的劳动成果。   （   ）
15. 能够望见别人的脖子和后背，表示赶得上或比得上。 （   ）
16. 形容吃惊、害怕，说不出话。   （   ）

二 根据文章内容选择正确答案

1. 避暑山庄对作者产生了巨大的诱惑力，是因为：
   A. 这座皇家园林闻名史册以及这几年的旅游热。
   B. 山庄北边的山岭像罗圈椅的椅背。
   C. 作者想知道清代皇帝的一些想法。

2. 避暑山庄很大，_____。
   A. 相当于一个颐和园加上八九个北海公园。
   B. 不清楚国内什么古典园林可以与其相比。
   C. 有宫殿、湖区、平原区以及占八成左右的山区。

3. 山庄里楹联、石碑上的文字_____。
   A. 多是皇帝写给后辈继承人的。
   B. 多是皇帝亲自写的，真实可信。
   C. 有大量的官样文章。

4. 下面哪句话是不正确的：
   A. 康熙亲笔题写的避暑山庄四个汉字悬挂在山庄正宫午门。
   B. 避暑山庄四个汉字显示出康熙作为胜利者的从容安详。
   C. 康熙走了艰难而又成功的长途，在山庄休息时题写了避暑山庄四个汉字。

5. 康熙_____。
   A. 8岁即位，14岁亲政，一生坐享父辈打下的华夏江山。
   B. 除掉鳌拜，消灭吴三桂，使自己从继承者变成创业者。
   C. 30岁后已经找不到对手，只好骑着马在北方山林间徘徊。

6. 清代是中国古代基本上不大修长城的一个王朝，因为：
   A. 长城已经破败。
   B. 清兵是破长城打进来的。
   C. 康熙认为，一个朝廷不能只靠砖块去保卫。

第 6 课　历史与现实

7. 木兰围场_____。
　　A. 是康熙率领王公大臣围猎游玩的场所。
　　B. 每年进行大规模围猎，目的是保持王公大臣的勇猛强悍，威慑敌人。
　　C. 设在长城之外的热河行宫。

8. 作者认为，_____。
　　A. 康熙的成功在于把复杂的政治目的和军事意义转化为园林、寺庙。
　　B. 眼前的园林、寺庙和政治、军事的关系让人疑惑。
　　C. 康熙的避暑山庄和秦始皇的长城，说不上哪个更高明。

三　根据文章内容，用指定的词语完成下面的段落。不要照抄课文，理解课文内容后，请尽量用自己的话来写

1. 承德避暑山庄的概况是_____
　_____
　_____
　_____

又称　闻名史册　屏障
层层叠叠　格局　开阔
消遣

2. 避暑山庄四个字是康熙所写，山庄里还有很多楹联和石碑，_____
　_____
　_____
　_____

悬挂　从容
安详　步履　想见
朝廷　官样文章

3. 康熙一生的艰难可以说是自找的，_____
　_____
　_____
　_____
　_____

江山　辽阔　兴盛
坐享其成　庞然大物
平心而论　德高望重
打理　崛起　依托

4. 康熙筑起的无形长城包括_____
　_____
　_____
　_____
　_____

一手　演习　勇猛
强悍　威慑　首领
场所　转化　幽静
缭绕

四 写作实战练习

问题提示

　　本文在作者余秋雨是当代著名的文化学者、作家。这篇文章中提到了秦始皇和康熙皇帝这两个中国历史上的著名人物，对这两个人物你有哪些了解？可以上网查一查有关他们的详细信息。读了全文，请想一想秦始皇修筑万里长城和康熙修建避暑山庄，各有着怎样的目的和作用？你认为，哪个更高明些？请说出你的理由。

　　另外，作者所说的康熙的"无形的长城"，包括硬的一手和软的一手，这两者有怎样的关系？请谈谈你的理解。

　　你曾经去过背后有一个或者很多历史故事的名胜古迹吗？你从那些历史故事里看出有什么历史经验可以总结？对今天来说又有怎样的借鉴作用？

写作提示

　　余秋雨的散文，常常以游记的形式，运用叙事、议论、抒情等多种表达方式，对于中国的历史、文化思索、反问和感叹，文章读来富含哲理，有厚重的历史感、文化感。这篇文章，就很好地把这几种写作方法有机地结合在了一起，并融合了比喻、排比、对比等修辞手法，增强了语言表达的力度。

　　请在老师的指导下，一起找一找文章中运用这些写作手法（叙事、抒情、议论、比喻、排比、对比）的地方，并仔细体会一下这些方法在表达作者思想感情时所起的作用。

写作练习

步骤一：收集资料后分组讨论

　　可以以国籍或兴趣来分组，小组先经过讨论确定某一处名胜古迹以及你们要表达的主题，然后小组成员分工合作，各自去查找相关的历史资料；之后对这些材料和观点进行集体讨论，确定使用哪些，不用哪些。

步骤二：讨论后列出大纲

我们确定的名胜古迹是：＿＿＿＿＿＿＿＿＿＿＿＿＿＿＿＿＿＿＿＿＿＿＿＿

我们要表现的主要观点是：＿＿＿＿＿＿＿＿＿＿＿＿＿＿＿＿＿＿＿＿＿＿

＿＿＿＿＿＿＿＿＿＿＿＿＿＿＿＿＿＿＿＿＿＿＿＿＿＿＿＿＿＿＿＿＿＿＿＿

＿＿＿＿＿＿＿＿＿＿＿＿＿＿＿＿＿＿＿＿＿＿＿＿＿＿＿＿＿＿＿＿＿＿＿＿

这个地方的概况：_____

_____

相关的历史背景：_____

_____

_____

其中所体现的文化或意义：_____

_____

我们对此的思考和感悟：_____

_____

步骤三：写作

具体要求：

1. 文章内容：

   ① 说明所选择的名胜古迹，并简单介绍那里的概况。

   ② 这个名胜古迹的历史背景和相关的人物、故事。

   ③ 其中所体现的文化价值或者意义。

   ④ 自己的思考和感悟。

2. 写作方法：

   ① 文体可以是一篇叙述和议论相结合的散文。

   ② 尝试使用叙述、议论、抒情、比喻、排比、对比等多种表达方式。

3. 使用词语：在文章至少使用8—10个本课所学的新词语。

4. 字数：1000字左右。

步骤四：修改并定稿

　　写完初稿后，小组成员一起讨论文章，总结优点及不足之处，并根据大家意见反复进行修改，最后完成文章。并在班里朗读，跟其他小组进行交流。

数千年来，人类创造出了灿烂的文明，它们历经历史的风雨，或毁损殆尽，或残破不堪，或被翻新重建，或因妥善保护而保留着原貌。这些文化遗存的价值何在？面对这些文化遗存，我们应该做什么？怎么做？对此，人们的看法、做法不尽相同，甚至大相径庭。而这一点，不仅关乎这些遗存的存废，也关系到人类文明的延续或割裂，是我们亟需正确认识和解决的问题。

请不要遗址公园化

近年来，一种有害于文化遗存（yícún）的做法正在相效成风，这就是：遗址（yízhǐ）公园化。

说到遗址，便会想起那年从埃及（Āijí）①考察归来，一位朋友问我最强烈的感受是什么，我说，埃及大地到处是公元前数千年的历史遗址，给人一种极强烈的文明的初始感、源头（yuántóu）感。

从开罗②的金字塔③到卢克索（Lúkèsuǒ）④的国王谷⑤——这些法老⑥墓葬（mùzàng）的遗址中，无处不是巨大的石雕碎块和灼热（zhuórè）的黄沙。谁也说不清它们的历史，连这些坚硬的石雕究竟毁于何（hé）时，也无从（wúcóng）得知；时间在这里仿佛失去长度。当历史走去时，没有留下任何寻找它的线索（xiànsuǒ），只有问号。这些问号弥漫（mímàn）在残垣断壁（cányuán-duànbì）碎石黄沙之间。于是荒芜（huāngwú）、寂寞和寥落（liáoluò），雾一样浓重地笼罩在遗址上；然而这才是远去的历史遗留在大地上特有的生命感，也是

---

1. 遗存：古代留下来的东西。
2. 遗址：被毁坏的古代建筑物所在的地方。
3. 源头：水发源的地方。比喻事物的起源。
4. 墓葬：坟墓。
5. 灼热：像火烧着、烫着那样热。
6. 何：什么。
7. 无从：没有门径或找不到头绪（做某件事）。
8. 线索：比喻事物发展的脉络或探求问题的途径。
9. 弥漫：（烟尘、雾气、水等）充满；布满。
10. 残垣断壁：残缺不全的墙壁。形容建筑物遭受破坏后的凄凉景象。
11. 荒芜：（田地）因无人管理而长满野草。
12. 寥落：冷落；冷清。

遗址独具的气质与魅力!

　　为此,世界上所有遗址的保护者,都知道遗址必须保留全貌,保留它的历史感。由古希腊(Gǔxīlà)⑦、两河流域⑧、古波斯⑨、印度⑩直到南美⑪的玛雅(Mǎyǎ)⑫那些遗址,一概都是原封(yuánfēng)不动。遗址是一种特殊的遗存。尽管它只是残剩的一些兀立(wùlì)的残垣和石柱,甚至是草坑与土堆,但它是历史生命仅存的最后的实体,是惟一可以触摸(chùmō)到的历史真实。如果遗址没了,历史便完全消失。你说它有多重要?然而,在我们这里却被改变了。且不说,许多遗址正在被粗暴(cūbào)的施工所破坏;从河南⑬的殷墟(Yīnxū)⑭、西安⑮华清池⑯到京西⑰的圆明园⑱遗址,到处在动土动工,修筑围墙,植树种花,竖立(shùlì)雕塑(diāosù),点缀(diǎnzhuì)小品(xiǎopǐn),更有甚者则添油加醋(tiānyóu-jiācù)地增添各种"景观(jǐngguān)"于其间,努力把历史遗址"打造(dǎzào)"成一座座公园。

　　做这种事的人,完全不懂得遗址的价值就是它的"原生态⑲"吗?不懂得文化和历史也有尊严(zūnyán)、也是神圣不能侵犯的吗?

　　在罗马⑳,许多重要的历史文化遗址往往并不在城外或者更远的地方,而是在城中,与人们"生活"在一起;但从没人把这些草木丛生的大片大片残垣断壁视作垃圾,去动手清理。相反,把它们当成凝固的历史,有形的岁月,真正的城市文物,不敢去碰它,更甭说动它。罗马人懂得一根柱子倒了,是不能扶起来的,因为这是时间老人和历史巨人的行为。如果扶起来,修补好,历史时间随即消

13. 原封:没有开封的。泛指保持原来的样子,一点不加变动的。

14. 兀立:直立。

15. 触摸:用手接触后轻轻移动。

16. 粗暴:鲁莽;暴躁。

17. 竖立:物体垂直,一端向下,一端接触地面或埋在地里。
18. 雕塑:造型艺术的一种,用竹木、玉石等材料雕刻或塑造各种艺术形象。
19. 点缀:加以衬托或装饰,使原有事物更加美好。
20. 小品:短小的文艺形式。这里指小的景观。
21. 添油加醋:形容叙述事情或转述别人的话时,为了夸张,加上原来没有的内容。
22. 景观:泛指可供观赏的景物。
23. 打造:制造。
24. 尊严:可尊敬的身份或地位。

失。谁敢去改动历史？它残缺（cánquē），却正好把另一半交给你去想象。当然还有一种残缺美。残缺美也是一种历史美。因此，遗址保护就是严格地保护原状。只准大自然改变它，比如风吹日晒对它的损害——人能做的只是去加固（jiāgù）它，延缓（yánhuǎn）它的寿命；但决不准人为地去改变它。

不可否认，我们一些将遗址公园化的人，可能对遗址的价值及必须恪守（kèshǒu）的保护原则不懂，但不懂得历史文化的人怎么能去管理文化遗产呢？

进而说，又绝非仅仅是不懂；如果不懂，为什么要破费（pòfèi）大笔钱财为遗址围墙造景、植树栽花呢？其目的无人不知，便是开发旅游，招引游客，图谋（túmóu）赚得更多银子。

一旦文化服从了经济，以经济为目的，则必按照商业规律来改造自己。与此同一潮流的，便是各地兴致勃勃大干特干（dàgàn-tègàn）的历史街区景点化，"非遗"〔非物质文化遗产（fēiwùzhì wénhuà yíchǎn）㉑〕产业化，名人故里（gùlǐ）争夺战，以及各种文化名目（míngmù）的"打造"热。这一来，便形成了对历史文化遗存新一轮的破坏。

或许有人反驳（fǎnbó），历史遗产不能用以旅游吗？

历史遗产当然具有旅游价值，但是它不只有旅游价值。还有见证价值、研究价值、教育价值、欣赏价值等等。不能为了一种价值而去破坏和牺牲其他价值。其实，即便是遗产的旅游价值，也体现在它的原真性㉒上。如果昭君（Zhāojūn）㉓墓不再是"独留青塚向黄昏（dúliú qīngzhǒng xiàng huánghūn）㉔"，而只是公园中间一个不

25. 残缺：缺少一部分；不完整。

26. 加固：使建筑物等坚固。
27. 延缓：延迟；推迟。

28. 恪守：严格遵守。

29. 破费：花费（金钱和时间）。

30. 图谋：（暗中）谋划（多含贬义）。

31. 大干特干：大……特……：分别用在同一个动词前，表示规模大，程度深。
32. 故里：故乡；老家。
33. 名目：事物的名称。

34. 反驳：说出自己的理由，来否定别人跟自己不同的理论或意见。

第 6 课　历史与现实

大不小的土堆，连游人也会兴味索然（xìngwèi-suǒrán）——从哪里去感受历史呢？一个普普通通、没有历史感的土堆，谁不会堆一个？可是，那些遗址的管理者却认定一大片废墟（fèixū）是没有卖点（màidiǎn）的，只有乔妆打扮（qiáozhuāng-dǎbàn），添花加叶，披金挂银，整旧如新，才能招徕（zhāolái）游人。于是一种急功近利（jígōng-jìnlì）的浮躁（fúzào）混同着低俗的审美，正在把一个个遗址变成俗不可耐的公园，变成赚钱的机器。历史被我们变成消费品了。

现在是不是有一种很流行的观念，认为不能生财的文化无用，只有进行开发才是文化的"出路"？我们真的要把所有文化都变成 GDP，变成现金，才心满意足，才认为自己有能耐（néngnài），才视做"文化繁荣"吗？

我们真的不怕没有了遗址的历史？不怕没有了令人敬畏（jìngwèi）与尊崇（zūnchóng）的精神性的文化而导致的浅薄（qiǎnbó）与苍白——不怕那种腰缠万贯（yāochán-wànguàn）的浅薄和富得流油（fù de liúyóu）的苍白吗？

（选自《文汇报》2010 年 7 月 20 日，冯骥才）

35. 兴味索然：没有兴趣。
36. 废墟：城市、村庄遭受破坏或灾害后变成的荒凉地方。
37. 卖点：指商品具备的与众不同的特色、特点。
38. 乔装打扮：改换服装、面貌以隐瞒自己的身份。
39. 招徕：招引（顾客）；招揽。
40. 急功近利：急于求目前的成效和利益。
41. 浮躁：轻浮急躁。
42. 能耐：技能；本领。
43. 敬畏：又敬重又畏惧。
44. 尊崇：尊敬推崇。
45. 浅薄：缺乏学识或修养。
46. 腰缠万贯：形容人极富有。
47. 富得流油：形容人极富有。

注释

① 埃及：Egypt，全称阿拉伯埃及共和国。
② 开罗：Cairo，埃及首都。
③ 金字塔：pyramid，埃及金字塔是埃及古代奴隶社会的方锥形帝王陵墓。世界七大建筑奇迹之一。
④ 卢克索：Luxor，埃及中南部城市。
⑤ 国王谷：Valley of the Kings，帝王陵墓，位于尼罗河西岸。
⑥ 法老：古埃及国王的尊称。

⑦ 古希腊：前800—前146，位于欧洲南部，地中海的东北部。产生了灿烂的希腊文化，对后世有深远的影响。

⑧ 两河流域：Mesopotamia，又称美索不达米亚，亚洲西部底格里斯与幼发拉底两河流域的合称。是世界古代文明的摇篮之一。

⑨ 古波斯：指古代波斯帝国（Ancient Persian Empire，前550—前330），古代伊朗以波斯人为中心形成的帝国。

⑩ 印度：印度共和国 (Republic of India) 的简称。历史悠久的文明古国之一。

⑪ 南美：South America，南美洲。

⑫ 玛雅：这里指玛雅文明，这是印第安玛雅人创造的美洲古代文明。约形成于公元前2500年。

⑬ 河南：省名。位于黄河中下游。

⑭ 殷墟：商代都城殷的遗址。在今河南安阳小屯村。

⑮ 西安：陕西省省会。中国六大古都之一。

⑯ 华清池：亦名华清宫，位于西安东临潼县骊山北麓，是中国著名的温泉胜地。

⑰ 京西：本文指北京西部。

⑱ 圆明园：中国著名的古典园林，1860年被英法联军烧毁。

⑲ 原生态：指没有被修饰的，原始自然的生物状态。

⑳ 罗马：意大利首都。

㉑ 非物质文化遗产：intangible cultural heritage。

㉒ 原真性：本文指事物本来真正的性质特点。

㉓ 昭君：王昭君，名嫱。西汉人，公元前38年被选入宫。公元前33年自请嫁匈奴呼韩邪单于，对汉朝与匈奴的和好关系起了一定作用。

㉔ 独留青冢向黄昏：只留下（昭君的）一座坟墓面向着黄昏。出自唐朝诗人杜甫的诗《咏怀古迹五首（其三）》。

 练习　　Exercises

一　选词填空，每个词只能使用一次

| 浮躁 | 尊崇 | 尊严 | 名目 | 恪守 | 触摸 | 腰缠万贯 | 大干特干 |
| 浅薄 | 反驳 | 延缓 | 能耐 | 线索 | 图谋 | 原封不动 | 添油加醋 |

1. 要问清楚自己，所做的选择是出于生活的必需还是（　　　　）的虚荣。为了

第6课 历史与现实

虚荣,人们已做出太多的蠢事。

2. 如果没有大家的努力,我就是有天大的(　　　),公司也不可能有今天的成就。

3. 在中国古代传说中,龙是华夏的始祖和标志,是四灵(龙、凤、麒麟、龟)之首,中国人对之(　　　)万分。

4. 他认为,当务之急是解决科技界普遍存在的(　　　)和急功近利的心态和风气,搞好基础科研。

5. 国歌代表一个国家的(　　　)和形象。一个国家,无论是大是小,都有自己的国歌。

6. 十余年的经商实践中,他坚持(　　　)买卖公道、童叟无欺的经商准则。

7. 说他是中国"鞋王",也许有人听着不舒服,可确实找不出(　　　)的理由来。

8. 王教授说,通过研究转基因矮鼠体内的激素变化,也许有助于寻找(　　　)人体衰老的办法。

9. 在颐和园,游客除欣赏建筑艺术与自然美景外,还能随处"(　　　)"到历史。

10. 有些干部,追求享受,看到别人富了,自己也想富,看到别人(　　　),自己也想捞一把,于是以权谋私,走上犯罪道路。

11. 他只是跟女友吵了两句,却被各种小报(　　　),闹得满城风雨,让他感到人言可畏。

12. 更学习别人的好经验,但不是把人家的东西(　　　)地搬过来,要从实际出发,解决我们的问题。

13. 英国科学家发现位于人体第10号染色体上的GAD2基因会导致肥胖,为肥胖症的治疗和预防提供了新的(　　　)。

14. 在欧美各国,有婚日纪念的习俗,(　　　)很多:婚后第一年为纸婚,第二年棉婚,第三年皮婚,第四年花婚……

15. 班长一声令下,同学们就(　　　)起来,有的挖坑,有的栽树,有的浇水,不到半天工夫,光秃秃的山坡就变了模样。

16. 警方最近挫败了一起恐怖袭击地铁车站的(　　　),并拘捕了十余名恐怖嫌疑分子。

三 下面这几组词语的意思相近或有联系，请查查词典，思考一下，然后把它们在词义和用法上的主要异同点填在下面的表格里。上课时，跟老师和同学讨论一下

1. 弥漫——充满

	弥漫	充满
相同点		
相异点		

2. 粗暴——粗鲁

	粗暴	粗鲁
相同点		
相异点		

3. 点缀——衬托

	点缀	衬托
相同点		
相异点		

第6课　历史与现实

4. 浅薄——肤浅

	浅薄	肤浅
相同点		
相异点		

三 根据文章内容，用指定的词语完成下面的段落。不要照抄课文，理解课文内容后，请尽量用自己的话来写

1. 在埃及，作者看到和感受到_____
_____
_____
_____

墓葬　残垣断壁
无从得知　线索　荒芜
寂寞　寥落　弥漫
笼罩　气质　魅力

2. 保护遗址必须保留原貌，因为_____
_____
_____
_____

原封不动　残剩
触摸　实体　侵犯
原生态　尊严

3. 在罗马，人们对待遗址采用的方法是_____
_____
_____
_____

恪守　凝固　有形
原状　加固　延缓
残缺美

4. 历史遗产和旅游的关系应该是_____
_____
_____
_____

废墟　卖点　招徕
浮躁　急功近利
敬畏　尊崇　浅薄
低俗　腰缠万贯

131

四 写作实战练习

问题提示

　　本文作者冯骥才是中国当代知名作家。近年来，出于发展经济的目的，中国的很多历史遗迹被商业化了。作者有感于此，出于对历史和社会的责任心，在这篇文章中明确提出了反对历史遗址公园化的观点。你是否同意他的观点？你认为，我们应该怎样对待文化遗产？应该如何处理保护文化遗产和发展旅游经济的关系？请说说你的理由。

　　请举出你的国家有代表性的几处遗址。在你们国家，人们是怎么对待遗址的？政府有哪些保护文物古迹的措施或法律？有哪些可供中国借鉴的地方？目前还存在着什么问题？

写作提示

　　根据表现主题的需要来选择材料是写好文章的关键因素之一。不管是记叙文、说明文还是议论文，都必须要注意选择有代表性的、典型的、新鲜的、有趣的材料，这样不仅可以增加文章的吸引力，更可以提升文章的说服力和感染力，从而使主题更加鲜明、突出。

　　本文的主题是应该如何对待历史遗存。作者反对历史遗址公园化，认为这样就使得宝贵的文化遗产失去了应有的历史感，染上了浓厚的商业色彩。为了说明这个主题，他列出了各个国家不同的态度和做法，主要选取了埃及、罗马以及中国的某些地方，进行比较，加以评论。因为选取的材料比较有代表性，非常典型，所以文章的主题得到了很好的表现。

写作练习

步骤一：收集材料和分组讨论

　　分组，选取有代表性的两三个国家，并分别寻找资料，说明他们对于历史遗址的不同态度、不同的做法。小组围绕材料进行讨论，确定主题和材料。

步骤二：讨论后列出大纲（表格）

我们选取的国家是：_____

　　这几个国家对于历史遗址的态度及采取的具体措施和法律是（请注意运用对比的手法）：

国别	对待历史遗址的态度	具体的措施和法律	我们的评论	中国可以借鉴的地方

最后的总结：
_____
_____
_____

步骤三：写作

具体要求：

1. 文章内容：

① 说明所选择的是哪个或哪些国家，及这些国家的概况。

② 这些国家对保护历史遗迹的态度，以及所采取的措施和法律。

③ 对以上情况进行评论，说明中国有哪些可以学习和借鉴的地方。

④ 总结文章内容，重申主要的观点。

2. 写作方法：
    ① 文体可以是一篇报告。
    ② 注意选择典型的、新鲜的、有趣的材料，并运用对比的方法来表现主题。
3. 使用词语：在文章至少使用8—10个本课所学的新词语。
4. 字数：1000字左右。

步骤四：修改并定稿，并做成PPT在全班报告

每组完成文章后，再分工完成PPT，要做到图文并茂，生动活泼。
每组派一位同学在全班做大约10—15分钟的演讲。

补充阅读与思考

古人该长什么样儿

尽管审美情趣、审美标准因人而异，但面对历史的、民族的、大众的经典文化遗产，我们不能不存敬畏之心，"恶搞"不仅是对先人的亵渎，而且会贻害后人。

前两年电影《孔子》开始筹划拍摄时，大家质疑孔子的扮演者周润发，认为周润发的长相与表演做派，与孔子相去甚远。其实，孔子长什么样儿，平日是什么做派，既无影像资料为证，也无当时的画图留存与文字描述。人们心目中的孔子形象，只是后人依据孔子"万世师表""儒学之尊"的地位和荣耀，模拟出孔圣人的仪表和神态，书本中的画像和庙宇中的塑身，都是在竭力表现出他的宽厚、仁和、庄重的体貌特征。而真实的孔子究竟长什么样儿，恐怕永远是个历史谜团。

关羽历史上实有其人，而他留给后人的印记，主要是历史小说《三国演义》中塑造的艺术形象。小说的第一回就对关羽的长相仪表做了生动描述：身长九尺，髯长二尺；面如重枣，唇若涂脂；丹凤眼，卧蚕眉；相貌堂堂，威风凛凛。后来的戏剧、评书、画像、雕塑中的关羽基本都是依据罗贯中的描写而来，也倾注了人们对义薄云天的关二爷的敬重之情。近闻有学者找出新的历史证据，提出真实关羽的模样儿，并非如小说中所述,尤其是身高,也不过是五尺,"美髯"、颜面等描述亦多属子虚乌有,关羽也就是个常人而已。探究历史真相,是研究者的自由,但作为艺术塑造乃至神化了的形象,非要把他弄成武大郎的模样儿,就没有什么意义了。

与孔子、关羽不同,贾宝玉尽管也有历史真实人物(一般认为就是《红楼梦》的作者曹雪芹)为原型,但角色本身就是个纯粹虚构的艺术形象。贾宝玉的长相,应该也只能以曹雪芹的描述为依据了。《红楼梦》第三回通过林黛玉的眼睛看到,宝玉"面若中秋之月,色如春晓之花,鬓若刀裁,眉如墨画,鼻如悬胆,睛若秋波,虽怒时而若笑,即瞋视而有情……"后人对这段文字的理解,也如对整部小说的理解一样,仁智互见,不尽一致,深解"其中味"其实不易。半个世纪前,越剧表演艺术家徐玉兰尽管年纪略微显大,但她塑造的宝玉,形似不差,神似更强,呈现于舞台及银幕上的宝玉形象,成为一座高山,至今无人能够超越。1987年版电视剧《红楼梦》,在忠实于原著、借鉴戏剧艺术成果的基础上,进行了精心再创作,取得不俗效果,成为至今令人难以忘怀的经典。贾宝玉的扮演者欧阳奋强更是让人耳目一新,得到观众的肯定。平心而论,徐玉兰、欧阳奋强的长相扮相,也未必就与小说中描写的宝玉分毫不差,这无关紧要;可你非把贾宝玉的长相、风度理解为"尖嘴猴腮","獐头鼠目",且毫无"韵味"可言,那观众便不会答应了。

(选自《北京晚报》2010年7月29日,郭梿)

一 读完全文,请你想一想、说一说

1. 请用一句话概括这篇文章的内容:
_____

2. 你喜欢看历史剧、古装剧一类的电影、电视剧吗?说说你印象最深的一部。

3. 在贵国，古代人的审美观和现代人的审美观有什么区别？你觉得拍历史剧或者古装剧的时候，应该按照哪种审美观来设计人物造型？各有什么好处和坏处呢？

二、分组，选择一个汉语中的成语故事，试着编一个短剧，按照自己的理解设计人物造型，给全班同学表演一下，请老师进行点评。

第7课　语言与文化

配套资源

阅读（一）

你在汉语学习中有什么困难、困惑吗？你在学习汉字、词语中有什么方法、诀窍呢？你是否想知道，中华民族的祖先在造字组词时是异想天开还是有某些规则？那数不胜数令人眼花缭乱的字、词在千百年的流变中有什么规律可循？请阅读下面的文章吧。

"节"的家族

在我们的生活中，有一些字，好似同住经济适用房①小区的邻居，抬头不见低头见②。"节"——估计通过了常见字的资格审查。大家喜欢见到它，因为假期爱缀（zhuì）上它当尾巴，比如中秋节、国庆节。它还有一层意思，节制（jiézhì）、节约、节俭（jiéjiǎn）……初看起来，两层意思好像风马牛不相及（fēng mǎ niú bù xiāng jí）。有时会遐想（xiáxiǎng），"节"字，为什么一仆二主（yìpú'èrzhǔ）呢？我们的祖先，创造这个字的时候，是受了怎样的刺激以致浮想联翩（fúxiǎng-liánpiān）到不相干呢？

我不是古文字专家，对字的起源也没有研究。因为写作，经常要目不转睛（mùbùzhuǎnjīng）地

1. 缀：组合；联结。

2. 节制：限制或控制。

3. 节俭：用钱等有节制；俭省。

4. 风马牛不相及：比喻两者全不相干。

5. 遐想：悠远地思索或想象。

6. 一仆二主：一个仆人服侍两个主人。

7. 浮想联翩：不断想到的很多东西。

8. 目不转睛：不转眼珠地（看），形容注意力集中。

137

盯着一个字。盯得足够久，这个字就变得可疑了，人也恍惚了。好像熟人突然学会了川剧变脸③，悄无声息（qiǎowú-shēngxī）地转过身，眉红眼绿地吓你一跳。

字典里说这个"节"，是形声字④。从"竹"，本义⑤：竹节。泛指（fànzhǐ）⑥草木枝干间坚实结节的部分。《说文解字》⑦里，许慎（Xǔ Shèn）⑧说："節，竹约也。"

这个解释如此入情入理（rùqíng-rùlǐ）（简直颠扑不破地合适）。想我们的祖先，在草木中狩猎（shòuliè）摘果，自然会注意到竹子和草木分枝长叶的情况。看到它们并不是一味地疯长，而是舒展伸长一段之后，就有一个收束（shōushù）。好似樵夫（qiáofū）歇脚（xiējiǎo），做一个休憩（xiūqì）和整理，然后再次出发，重复上一阶段的状态。古人把这个貌似（màosì）收束断开，实则似断不断，收束又成为新的发轫（fārèn）之点，称为"节"。

比如一长列火车，要被分为多少"节"车厢。比如人的手指要有很多"关节（guānjié）"。比如音乐的"节拍（jiépāi）""节奏"。

衍生出来的成语"节节败退"，就是连续吃败仗。"节选（jiéxuǎn）、节录（jiélù）"，也是在不改变"连续"的情况下，作出"收束"之选。引申（yǐnshēn）出了节俭，"开源节流（kāiyuán-jiéliú）"，很显然是"收束"之意。《荀子（Xúnzǐ）·天论》⑨中说"强本而节用，则天不能贫"⑩。"节解"是一种酷

9. 悄无声息：没有声音或声音很低。

10. 入情入理：合乎情理。

11. 狩猎：打猎。

12. 收束：停止；约束。
13. 樵夫：打柴人。
14. 歇脚：走路疲乏时停下休息。
15. 休憩：休息。
16. 貌似：表面上很像。
17. 发轫：比喻新事物或某种局面开始出现。
18. 关节：骨头互相连接的地方。
19. 节拍：音乐中每隔一定时间重复出现的有一定强弱分别的一系列拍子，是衡量节奏的单位。
20. 节选：从某篇文章或某本著作中选取某些段落或章节。
21. 节录：从整篇文字中摘取重要的部分。
22. 引申：（字、词）由原义产生新义。
23. 开源节流：比喻在财政经济上增加收入，节省开支。

刑（kùxíng），将犯人的四肢（sìzhī）骨头的关节予以肢解（zhījiě）。中医的"节拊（jiéfǔ）"呢，就是按摩（ànmó）骨节。

又迷茫，为什么把品德称为"节操（jiécāo）"呢？好在"高风亮节（gāofēng-liàngjié）"帮了我。"节"是生长并连续的，升到高位的人，品德也应同步（tóngbù）增长，具备相应的职业道德，故称节操。"守节⑪"甚至"死节⑫"，可作注解。

我用的是以拼音为主的汉字输入法。当我正为自己把"节"看出点端倪的时候，电脑一键（jiàn）敲下，一系列读音为"JIE"的字，纷纷呼啸（hūxiào）杀来。排名前几位的是——姐接届街皆借解杰界阶结洁介截揭竭戒捷秸劫睫……

哈！吓一大跳吧？还有很多呢，我不一一列出了。

我陷入了"节"的泥沼（nízhǎo），疑惑我们的祖先，为什么要不厌其烦（búyànqífán）地造出这么多同音异义字呢？

估计和造字规则密切相连。汉语是以单音节的字为最基本的原料，读音就是最朴素灵便的砖瓦。遗憾的是，我们的嘴巴能发出的读音是有限的，如何让这有限的资源，发挥最大的效能呢？不同的人对于同音异义字的形成原因有不同的看法，有人认为苦恼的祖先们先是创造出了抑扬顿挫（yìyáng-dùncuò）的音调，然后在此基础上发展出了花团锦簇的同音异义花园。不过这又带来了新的问题，异义总要有迹可循（yǒujìkěxún）吧？不能随心所欲（suíxīn-suǒyù）地乱来。就算是以后按部就班（ànbù-jiùbān）学习这些字词的人，可以接受硬性的规矩，想那最先造字的人，心中也要有个主心骨

24. 酷刑：残暴狠毒的刑罚。
25. 四肢：指人体的两上肢和两下肢。
26. 肢解：古代割去四肢的酷刑。
27. 按摩：用手在人身上推、按、捏、揉等，以促进血液循环，增加皮肤抵抗力，调整神经功能。
28. 节操：气节操守。
29. 高风亮节：高尚的品格，坚贞的节操。
30. 同步：泛指互相关联的事物在进行速度上协调一致。
31. 键：某些乐器、打字机或其他机器上，使用时按动的部分。按纽。
32. 呼啸：发出高而长的声音。
33. 泥沼：烂泥坑。也用于比喻。
34. 不厌其烦：不嫌麻烦。
35. 抑扬顿挫：（声音）高低起伏和停顿转折。
36. 有迹可循：有痕迹可以遵循。
37. 随心所欲：一切都由着自己的心意，想怎么做就怎么做。
38. 按部就班：按照一定的条理，遵循一定的程序。
39. 主心骨：主见；主意。

（zhǔxīngǔ）吧？一个音里，要有一块发酵（fājiào）的老面⑬，把它当做引子（yǐnzi），膨胀出一个盘根错节（pángēn-cuòjié）的家族。

在发出"JIE"这个音的大谱系（pǔxì）中，有一位老爷爷，所有其他的"JIE"，比如敲锣打鼓的"捷"，万众瞩目（wànzhòng-zhǔmù）的"杰"，刀剁斧劈（dāoduò-fǔpī）的"截"……无论它们在日后的流变中，生发（shēngfā）得怎样流光溢彩（liúguāng-yìcǎi）声名显赫（shēngmíng xiǎnhè），都是这位老爷爷的徒子徒孙（túzǐ-túsūn），祖宗（zǔzōng）辈分（bèifen）是不能变的。

这位老爷爷，就是草木之"节"。容（róng）我试着把刚才的这几个"JIE"音字，用"节"的原始意思解释一下。

"捷报（jiébào）"，取"连续生长"之意，传来战事或是形势蓬勃发展的报告。"杰出（jiéchū）"，是同类之中特别出色的物品，显然是昂扬（ángyáng）向上之意。众人水平之上的成长，自然是出类拔萃了。说到"截"，就是收缩到了极致（jízhì），干脆断了。顺便说一句，估计"戒"也是这个意思。

春节，从我所理解的"节"意来说，是一个有关春天和连续生长的节日。捎带（shāodài）着有节俭节约节省等收缩之感。你可以停下脚步，彻底地放松和休息，拜会和整顿。不过，千万不要太靡费了，要有节制。之后，就开始新的一轮出发了……

（选自《北京晚报》2010年2月9日，毕淑敏）

40. 发酵：ferment。
41. 引子：引起或影响其他事物的事物，如酵母引子、药引子等。
42. 盘根错节：树根盘绕，木节交错。比喻事情复杂，不易解决。
43. 谱系：家谱上的系统。泛指事物发展变化的系统。
44. 万众瞩目：成千上万的人把视线集中在一点上。
45. 刀剁斧劈：用刀斧砍。
46. 生发：滋生；发展。
47. 流光溢彩：形容光影流动闪烁，光彩照人。
48. 声名显赫：形容名声盛大。
49. 徒子徒孙：徒弟和徒孙。
50. 祖宗：一个家族的上辈，多指较早的。
51. 辈分：指家族、亲友之间的世系次第。
52. 容：允许；让。
53. 捷报：胜利的消息。
54. 杰出：（才能、成就）出众。
55. 昂扬：形容精神振奋，情绪高涨。
56. 极致：顶点。
57. 捎带：顺带。

注释

① 经济适用房：指已经列入国家计划，由城市政府组织房地产开发企业或者集资建房单位建造，以微利价向城镇中低收入家庭出售的住房。是具有社会保障性质的商品住宅。具有经济性和适用性的特点。

② 抬头不见低头见：意思是大家常见面，不要为小事伤了和气。这是中国传统的处世原则。

③ 川剧变脸：川剧表演的特技之一，用变化的脸谱揭示人物的内心及思想感情的变化，塑造人物。

④ 形声字：字由"形旁"和"声旁"两部分合成，形旁和全字的意思有关，声旁和全字的读音有关。形声字占汉字总数的百分之八十以上。

⑤ 本义：词语的本来的意思。

⑥ 泛指：宽范围的指代，不用于专指单个的物体或人。

⑦《说文解字》：简称《说文》，东汉许慎编著，是中国第一部说解文字原始形体结构及考究字源的文字学专著。

⑧ 许慎：约58—约147年，东汉著名经学家、文字学家、语言学家，中国文字学的开拓者。著有《说文解字》和《五经异义》等。

⑨《荀子·天论》：《荀子》的作者是荀子。荀子，名况，战国后期赵国人，是中国古代著名的思想家，是先秦儒家最后一个大师，也是先秦唯物主义思想的集大成者。《荀子》内容广泛，较全面地记载了荀子在政治、经济、军事、哲学等各方面的思想。在他的思想中值得注意的是其天道观和性恶论。

⑩ 强本而节用，则天不能贫：意思是如果能够加强农业生产，厉行节约，那么就是上天也不能使人贫困。

⑪ 守节：旧时指不改变节操。特指妇女受旧道德观念的影响，在丈夫死后不再结婚或未婚夫死后终身不嫁。

⑫ 死节：为保全节操而死。

⑬ 老面：面肥。发面时用来引起发酵的面块，内含大量酵母。

练习　Exercises

一　选词填空，每个词只能使用一次

> 节制　捷报　昂扬　目不转睛　盘根错节　万人瞩目　不厌其烦
> 节俭　杰出　同步　浮想联翩　有迹可循　开源节流　入情入理
> 主心骨　随心所欲　风马牛不相及

1. 中国的储蓄率很高，显示出人们的收入大大增加，也同勤劳（　　　　）的传统有关。
2. 很多白领出现亚健康问题，和不健康的生活方式有关，包括工作时间长、睡眠不足、饮食不（　　　　）和运动量缺乏等。
3. "梅花香自苦寒来"，古今中外许多（　　　　）的政治家、军事家、科学家的非凡能力，都是出自长期的勤奋努力。
4. 有些父母忽视子女的独立意识，把子女当作自己的私有财产，往往（　　　　）地责骂、甚至体罚子女。
5. 这个展览使人们更加形象直观地感受到小庄农民热爱生活、独立自强、（　　　　）奋进的风貌。
6. 我们必须始终坚持可持续发展战略，把环境保护与经济建设作为一个整体进行（　　　　）规划和实施。
7. 近日，东区工业战线传出（　　　　），第一季度工业总产值已经突破10亿元大关。
8. 她退休后参加了舞蹈队，虽然年纪大，但因为有舞蹈基础，很快成了队里的"（　　　　）"。
9. 苍蝇与航天事业似乎（　　　　），但仿生学却把它们紧密地联系起来了。
10. 她站在领奖台上，（　　　　）地仰望着冉冉升起的国旗，心中充满自豪。
11. 广州出口商品交易会上，出自国画大师张大千之手的"九猴献瑞"年历受到（　　　　），被一抢而空。
12. 站在海南的天涯海角，奇异的风光，令人心胸激荡，（　　　　）。
13. 作案者非常狡猾，现场似乎没留下任何痕迹，但经过反复仔细检查，还是（　　　　）的。
14. 他有根有据、（　　　　）的分析，说得对方心服口服，双方最终达成协议。
15. 为使孩子的语言规范化，她（　　　　）地教学生从每一句话开始。

16. 虽然只是一些简单的事情，却反映出公司里（　　　）的、复杂的人事和利害关系。
17. 他提出，在日常工作中精打细算，（　　　），克服浪费现象，使公司尽快渡过难关。

二　词语扩展

1. 可疑：可：表示值得，(1) 多跟单音节动词组合；(2)"可"有表示被动的作用，整个组合是形容词性质。
   用"可+V"的格式扩展词语，请至少写出5个词语，并想想它们的意思和用法。

2. 吃败仗：打败仗；在战争或竞赛中失败。"吃"在这里用的不是本义"把食物等放到嘴里经过咀嚼咽下去"，而是引申义。"吃"的这种用法的词语非常多。
   用"吃+N"的格式扩展词语，请至少写出8个词语，并想想它们的意思和用法。

三　根据文章内容并在理解的基础上，完成下面的表格。然后用自己的话说一说"节"字的谱系

	节	解释、说明	词语例证及其意思
1	本义		
	泛指		
2	引申（1）	收束断开，似断不断，连续并变化	（一）节（车厢）： 关节： 节拍、节奏： 节日：
	引申（2）		

续表

节		解释、说明	词语例证及其意思
2	引申（3）		
	引申（4）		
3	同音异义字		

四 写作实战练习

问题提示

汉字是中国文化最重要的载体，也是中国文化最典型的代表。

本文作者毕淑敏是中国当代知名女作家。读完本文，通过对"节"这个汉字的认识了解，你觉得对你学习汉语有哪些帮助？你发现汉语字、词的产生及发展变化有哪些规律可循？在这个小小的"节"字里，又蕴含着哪些中国传统的思想和理念？

在汉字里，类似于"节"这样的家族有许许多多，比如：天、地、鱼、门、笔、手、头等，都有自己大大小小的同音字家族。试想一想，在这些汉字的家族中，都有哪些成员？互相之间是否有一定的关系？

写作提示

从结构上来看，本文主要采用的是层层深入的递进式结构。文章从"节"字的"抬头不见低头见"，想到要去查一查字典里对这个字的解释，又想到由这个字组成的词语，找到很多它的引申含义，再想到汉字中一系列的同音字，浮想联翙，文章也层层递进，帮助读者对汉字产生了更加深广的认识。

在表达方法上，本文主要采用的是说明加上叙述的方式，间或采用了比喻、拟人、引申等的修辞方法，使得本无生命的字、词一个个活灵活现、栩栩如生；让本来可能枯燥无趣的有关字、词流变的文章读来生动有趣，给人留下深刻印象。此外，文章语言幽默、形象、生动，有感染力。

写作练习

步骤一：分组讨论

分组，通过讨论确定某一个基本字，查阅它的意思，再搜索出其家族中的成员，予以分类，确定相互间的关系。

步骤二：讨论后列出大纲

我们介绍的汉字是（包括它的家族）：_____

其本义：_____

其引申义及举例：

（1）_____

（2）_____

（3）_____

相关联的同音异义字：

（1）_____

（2）_____

（3）_____

总结一下对汉字的新认识：

_____
_____

步骤三：写作

具体要求：

1. 文章内容：
   ① 说明所选择的汉字，解释它的基本意思以及它的"家族"。
   ② 介绍它的引申义，并举出例子。
   ③ 说说其它的同音字的情况。
   ④ 总结一下通过了解这些知识，对汉字有没有产生一些新的认识，对汉字的中国文化有什么看法。

2. 写作方法：
   ① 文体可以是偏向于说明文风格的散文。
   ② 可以模仿课文，用递进的思路安排文章的结构。
   ③ 语言表达在正确的基础上尽量做到生动、有趣，也请注意使用比喻、拟人等修辞手法。

3. 使用词语：在文章至少使用8—10个本课所学的新词语。

4. 字数：1000字左右。

步骤四：修改并定稿

完成作文后请老师提出意见，再根据老师的意见进行修改，最后抄写到作文本或稿纸上，也可以输入电脑并打印出来。

阅读（二）

数千年的人类发展历史，产生出辉煌灿烂而又纷繁多样的文明。这些文明的差异在哪里？不同文明的差异带给人类的是冲突还是互补？特别是在经济一体化大潮席卷全球的今天，不同文明是一争高下、斗个你死我活，还是相互尊重、取长补短、共生共荣？正确看待这一问题显得尤为重要。下面这篇论述中西文明差异性与互补性的文章或许会给我们一些启迪、答案。

第 7 课　语言与文化

中西文明的差异性与互补性

中西文明的差异性是冲突的根源，还是互补的前提？有些学者认为是冲突的根源。但从大量中外历史事实来看，文明的差异性不是冲突的根源，而是互补的前提。本文所说的中国文明或文化，是指宋代以来的文化；而西方文明或文化，则是指文艺复兴以来的文化。

一

中西文明的差异性表现在哪些方面？从文明类型来看，中西文明的差异主要表现在伦理型与法理[1]型、内向（nèixiàng）型与外向（wàixiàng）型、整体性思维型与分析性思维型、家族（jiāzú）本位（běnwèi）型与个人本位型四方面。

伦理型与法理型。从文化性质来看，中国文化属于伦理型文化，西方文化属于法理型文化。中国文化从"性善"的角度出发，认为人的本性是善的，主张建立良好的伦理道德以规范（guīfàn）人们的行为，通过教化（jiàohuà）来使人形成"自律[2]"意识；西方文化从"性恶"的角度出发，认为人的本性是恶的，主张"原罪说[3]"，认为人生下来就有罪，主张建立严密的法律来抑制个人的私欲和动物性本能，以"他律[4]"来促使人们遵守社会规范。梁启超[5]曾说："西洋[6]人注重人同物的关系，所以物理学很发达；中国人注重人同人的关系，所以事理学很发达。这是中国人与西洋人不同的特点。"

内向型与外向型。为什么美国那么喜欢打仗，几乎每一任总统都要打上一两次仗？似乎不打仗就不是美国总统。而中国正好相反，从古至今崇尚和

1. 内向：（性格、思想感情等）深沉、不外露。
2. 外向：指人开朗活泼，内心活动易于表露出来。
3. 家族：以血缘关系为基础而形成的社会组织，包括同一血统的几代人。
4. 本位：主体、中心。

5. 规范：使合乎约定俗成或明文规定的标准。
6. 教化：教育感化。

平，崇尚稳定，稳定压倒一切。所有这些，都与文化类型不同有关。

　　从文化性格来看，中国文化属于内向型文化，西方文化属于外向型文化。主要表现在如下几方面：其一，从动和静的角度来看，中国文化自古至今求稳定，求平安，追求社会的均衡（jūnhéng）与和谐，在稳定中求发展。西方文明崇尚变化，不断进取（jìnqǔ），永远不满足于现状，在变动中求发展。其二，在对外关系方面，中国爱好和平，不喜欢战争，以战争为例外，不太重视外部环境，主要通过内部控制来维护国内的稳定与安全；以防守为主，主张后发制人（hòufā-zhìrén）。西方文化的进取性和扩张（kuòzhāng）性很强，重视外部环境对自身安全的影响，通过扩张来保障国家的安全。以战争为常事，在扩张中发展和巩固自己，主张先发制人（xiānfā-zhìrén），强调把对手消灭在萌芽（méngyá）状态。其三，中国人是柔性性格，灵活性较强。西方人是刚性性格，进取心、自信心较强。

　　整体性思维型与分析性思维型。从思维类型来看，中国人的整体性思维较强，注重从整体的角度来把握个体和观察事物，着眼（zhuóyǎn）于事物之间的有机联系，强调人与自然是一个统一的整体，缺点是不善于或不重视对事物作周密的逻辑分析，也就难以发现社会和自然界中的规律或原理。而西方人的个体性思维较强，善于从个体上把握整体，长于（chángyú）对某一个体作精密的逻辑分析，能够透过表层发现内在的规律和原理等，缺点是具有某种片面性。

　　由于思维方式不同，造成中西文化有很大不同，主要表现在如下几方面：其一，中国文化属于

---

7. 均衡：平衡。

8. 进取：努力向前；立志有所作为。

9. 后发制人：先退让一步，使自己处于有利的地位后，再制服对方。
10. 扩张：扩大（势力、疆土等）。
11. 先发制人：先动手以制服对方。
12. 萌芽：植物生芽，比喻事物刚发生。

13. 着眼：（从某方面）观察；考虑。

14. 长于：（对某事）做得特别好；擅长。

技术型文化，西方文化属于科学型文化。其二，中国人考虑问题总是从整体的角度出发，由大到小、由上至下；而西方人的思维则总是从个体的、局部的角度出发，思考问题总是由小到大、由下至上。其三，在宗教信仰方面，西方人专一，中国人兼容（jiānróng）；中国人重功利，西方人重精神寄托。正如罗素⑦所说："我们从犹太⑧那里学到了不宽容（kuānróng）的看法，认为一个人如果接受一种宗教，就不能再接受别的宗教。基督教（Jīdūjiào）⑨与伊斯兰教⑩都有这样的正统（zhèngtǒng）的教义（jiàoyì），规定没有人可同时信仰这两个宗教。而中国则不存在这种不相容；一个人可以是佛教徒，同时可以是其他教徒，两者并行不悖（bìngxíng-búbèi）。"

家族本位型与个人本位型。从文化取向的角度来看，中国是以"家族"为本位的文化，西方是以"个人"为本位的文化。陈独秀⑪曾说："西洋民族以个人为本位，东洋⑫民族以家族为本位。"

"家族本位"的中国文化，也就是以家庭、家族、宗族为基本取向单位，人与人之间的关系以"相互依赖"为特征，以血缘（xuèyuán）关系为基础，以稳定、持久的家庭、家族和宗族为纽带（niǔdài）。每个人都被固定在关系网上，各种社会性需要都能在家庭、家族和宗族中得到满足。这种类型最基本的文化心理取向是以情感为中心，强调特殊性。

"个人本位"的西方社会，人与人之间的关系以"自我依赖"为主要特征。近亲者之间的血缘纽带是暂时性的，没有永久的家庭和宗族基础，个人的基本生活和环境取向便是自我依赖。由于没有基本集团"家庭"和二级集团"家族"的束缚，所以认

---

15. 兼容：同时容纳几个方面。

16. 宽容：宽大有气量，不计较或追究。

17. 正统：指党派、学派等从创建以来一脉相传的嫡派。

18. 教义：某一种宗教所信奉的道理。

19. 并行不悖：同时实行，互不冲突。

20. 血缘：人类因生育而自然形成的关系，如父母与子女之间，兄弟姊妹之间的关系。

21. 纽带：指能够起联系作用的人或事物。

为整个社会、整个世界可以为自己所自由利用，倾向于建立一种普遍认同的准则（zhǔnzé）。

"家族本位"和"个人本位"两种不同文化类型，形成两种不同的意识。在家族取向的中国社会，家族或亲属意识很强，而社会和国家的观念和意识却十分淡薄（dànbó）。在个人取向的西方社会里，个人意识很强，但作为国家和世界的社会意识也很强。中国人私欲过强，公心太弱。而西方人是私心和公心都很强。

二

从历史和现实来看，文明或文化多样性与差异性并不是冲突的根源，而是互补的基础。

文明差异性是互补的基础。国内外大量事实表明，文明或文化差异性有利于取长补短（qǔcháng-bǔduǎn），有利于文化创新和发展。

首先，文化多样性是人类社会的基本特征，也是人类文明发展进步的动力。越是异性、异质的文化，互补性也就越强。

其次，文化多样性是创新和创作的源泉。文化创新或某种新文化的创造，在许多情况下是在不同文化的交流中产生的，有不少是在异民族文化的基础上或是吸收了其精华（jīnghuá）而创造的。

中国哲人（zhérén）两千多年前便意识到文化多样性和差异性的重要性。《国语·郑语》⑬记载了西周⑭末年史伯⑮说过的话："和实生物，同则不继。"⑯即性质不同的事物聚合在一起才能产生新事物；性质相同的事物重复相加，那就还是原来的事物，不可能产生新事物，就会停滞或窒息（zhìxī）。"同性相斥，异性相吸"是自然现象的基本法则（fǎzé）。

22. 准则：言论、行动等所依据的原则。

23. 淡薄：（感情、兴趣等）不浓厚。

24. 取长补短：吸取长处来弥补短处。

25. 精华：（事物）最重要、最好的部分。
26. 哲人：智慧卓越的人。

27. 窒息：呼吸困难。
28. 法则：规律。

第7课　语言与文化

社会文化现象也一样,异性、异质事物具有互补性,同性、同质事物没有互补性,而且相互排斥。

异文明交流是互补的途径。越是异性、异质的文化,越有必要交流,越有可能从对方吸收有价值的东西。各种文化相互交流,可以相互学习,取长补短,互通有无(hùtōng-yǒuwú)。

文明或文化交流是文化发展的重要动力之一,同时也是各民族文化丰富、繁荣的重要因素。因为,文化具有累积性,世界上流传至今的各种文化,都是经过长期累积而成的。文化的累积是文化成长、发展的一种基本形式,任何文化无时无刻不在累积之中,或因发明而累积,或因引进而累积。发明和引进,大多是在文化交流的基础上引起的。

中西文明具有很强的互补性。英国著名的思想家罗素早在80多年前,便认识到中西文明具有很强的互补性。在他看来,"中国文化中有个弱点(ruòdiǎn):缺乏科学。中国的艺术、文学、风俗习惯绝不亚于欧洲人"。他认为中西交流可以互补,"中西交流对双方都有好处。他们可以从我们这里学到必不可少的实用的效率;而我们则可以从他们那里学到一些深思熟虑(shēnsī-shúlǜ)的智慧……"罗素认为,中国文明必须吸取西方文明和其他文明的长处,但不能全盘(quánpán)西化。他说:"中国人如能对我们的文明扬善弃恶(yángshàn-qì'è),再结合自身的传统文化,必将取得辉煌的成就。但在这个过程中要避免两个极端的危险。第一,全盘西化,抛弃(pāoqì)有别于他国的传统。……第二,在抵制外国侵略的过程中,形成拒绝任何西方文明的强烈排外(páiwài)的保守主义⑰。"他还说:"如果中国不采用军国主义,将来所产生的新文明

29. 互通有无:相互间拿自己多余的东西去换自己缺少的东西。

30. 弱点:不足的地方;力量薄弱的方面。

31. 深思熟虑:深入细致地思考。

32. 全盘:全部;全面(多用于抽象事物)。
33. 扬善弃恶:发扬好的,放弃坏的。

34. 抛弃:扔掉不要。

35. 排外:排斥外国、外地或本党派、本集团以外的人。

或许比西方曾经产生的各种文明更好。"西方文明也一样，必须从中国文明吸取有价值的东西，他说："中国人的思想能丰富我们的文化，就像同他们做生意能使我们的口袋鼓起来一样。"当年罗素发出的中国文化精华能够给人类和平带来希望的感慨（gǎnkǎi）正在变成现实。崇尚"和谐"与"和平"的思想将被越来越多的人所接受。

36. 感慨：有所感触而慨叹。

三

日本历史学家村山节在《东西方文明沉思录》一书中，认为西方文明是男性文明，具有较强的权力欲和逻辑性，具有一种征服性的男性性格和不断扩张的特点。东方文明正好与之相反，具有较强的综合性和感性，呈现出一种温和与非攻击性的女性性格和宽容（kuānróng）的特点。

可以用太极图⑱象征东西两种不同的文明。西方文明是阳性文明，东方文明是阴性文明，两种文明没有高低之别、优劣之分，是具有相同价值的文明，是互补性极强的文明。

古代中国人认为，"一阴一阳之谓道⑲"，"阴阳和合⑳万物生"，"孤阴不生，独阳不长㉑"。万事万物凡是一阴一阳便是和谐均衡，凡是两种事物都是阴或都是阳就不和谐、不均衡。

因此，西方文化全球化或东方文化代替西方文化都是违背自然规律的，两种文化都不应企图吃掉对方。如果世界上只有一种文化，那么人类社会和文化就会停滞不前甚至窒息。两种文明只有和谐相处，人类社会和文化才会发展，世界才会安宁。我们既要欣赏东方文明之美及其伟大贡献，也要欣赏西方文明之美及其历史价值；既要继承东方的智慧，

第 7 课　语言与文化

也要吸收西方的智慧。文化保守主义和历史虚无主义㉒都不是科学的态度，不利于中华文明的复兴和发展。中西文明彼此之间应该相互尊重，取长补短，互通有无，共生共荣，并行发展。

（选自《中国社会科学报》2011 年 6 月 26 日，何星亮）

注释

① 法理：法律的理论根据。
② 自律：自己约束自己。
③ 原罪说：基督教教义。人类始祖亚当和夏娃被蛇引诱犯下罪孽，其罪传给子孙，代代不绝。
④ 他律：接受他人约束，接受他人的检查和监督。
⑤ 梁启超（1873—1929），中国近代史上著名的政治活动家、思想家、文学家、学者。
⑥ 西洋：指欧美各国。
⑦ 罗素：Bertrand Arthur William Russell, 3rd Earl Russell（1872—1970），20 世纪英国哲学家、数学家、逻辑学家，也是西方最著名、影响最大的学者和和平主义社会活动家之一，1950 年诺贝尔文学奖得主。
⑧ 犹太：Jewish。
⑨ 基督教：世界上主要宗教之一，公元 1 世纪产生，奉耶稣为救世主。
⑩ 伊斯兰教：世界上主要宗教之一，公元 7 世纪初阿拉伯人穆罕默德所创，盛行于亚洲西部和非洲北部。
⑪ 陈独秀（1879—1942），中国新文化运动的倡导者之一，中国共产党创始人和早期的主要领导人之一。
⑫ 东洋：指日本。
⑬《国语·郑语》：《国语》是中国最早的一部国别史著作。记录了周朝王室和鲁国、齐国、晋国、郑国、楚国、吴国、越国等诸侯国的历史。
⑭ 西周：中国朝代，约公元前 11 世纪～公元前 771 年。
⑮ 史伯：中国西周末期思想家。
⑯ 和实生物，同则不继：和谐才是创造事物的原则，同一是不能连续不断永远长久的。
⑰ 保守主义：一种强调既有价值或现状的政治哲学。
⑱ 太极图：中国古代说明宇宙现象的图。
⑲ 一阴一阳之谓道：语见《周易·系辞上》。认为事物都有阴阳两个方面、两种力量，相反相成，相互推移，不可偏废，构成事物的本性及其运动的法则。无论自然、人事，都表现此道。
⑳ 和合：（1）和合是中国古代神话中象征夫妻相爱的神名。（2）中华和合文化源远流长。和，指和谐、和平、祥和；合，指结合、融合、合作。

㉑ 孤阴不生，独阳不长：语出清程允升《幼学琼林·夫妇》。指单凭一方面的因素或条件促成不了事物的生长或出现。

㉒ 虚无主义：一种否定人类历史文化遗产、否定民族文化，甚至否定一切的思想。

练习 Exercises

一 根据下面句子的意思写出相应的词语

1. （事物）最重要、最好的部分。（　　　　）
2. 不足的地方。（　　　　）
3. 指能够起联系作用的人或事物。（　　　　）
4. 同时容纳几个方面。（　　　　）
5. 有气量，不计较或追究。（　　　　）
6. 发扬好的，放弃坏的。（　　　　）
7. 吸取长处来弥补短处。（　　　　）
8. 同时实行，互不冲突。（　　　　）
9. （从某方面）观察；考虑。（　　　　）
10. 深入细致地思考。（　　　　）
11. 比喻事物刚发生。（　　　　）
12. 努力向前；立志有所作为。（　　　　）
13. 先动手以制服对方。（　　　　）
14. 相互间拿自己多余的东西去换自己缺少的东西。（　　　　）

二 下面这几组词语的意思相近或有联系，请查查词典，思考一下，然后把它们在词义和用法上的主要异同点填在下面的表格里

1. 扩张——扩散——扩展

	扩张	扩散	扩展
相同点			
相异点			

第7课　语言与文化

2. 淡薄——淡漠

	淡薄	淡漠
相同点		
相异点		

3. 抛弃——放弃——摒弃

	抛弃	放弃	摒弃
相同点			
相异点			

三 根据文章内容，用指定的词语完成下面的表格和段落。不要照抄课文，请尽量用自己的话来复述

1. 中西文明的差异性表现在

	中国文化	西方文化	各自表现、特点	请尽量使用以下词语
文化性质				性善　规范　教化 自律　原罪说　抑制 他律　促使

155

续表

	中国文化	西方文化	各自表现、特点	请尽量使用以下词语
文化性格				稳定　均衡　和谐　防守 后发制人　柔性　灵活 进取　现状　扩张 后发制人　刚性　自信
思维类型				把握　着眼　统一 周密　兼容　功利 并行不悖 长于　逻辑　规律 片面　专一
文化取向				依赖　血缘　纽带 淡薄　私欲　公心 暂时　束缚　倾向　准则

2. 文明或文化多样性与差异性不是冲突的根源，而是互补的基础，＿＿

首先　其次　精华
法则　停滞　窒息
取长补短　互通有无

第 7 课　语言与文化

3. 关于中西文明的互补性，英国著名的思想家罗素谈到_____
_____
_____

> 效率　智慧　深思熟虑
> 扬善弃恶　全盘
> 抛弃　排外

4.《国语·郑语》记载史伯说："和实生物，同则不继。"意思是_____
_____
_____

5. 古代中国人认为，"一阴一阳之谓道""阴阳和合万物生""孤阴不生，独阳不长"。意思是_____
_____
_____

四　写作实战练习

问题提示

中西文明的差异性表现在哪些方面？中西文明的差异性是冲突的根源，还是互补的前提？对此，作为著名文化学者的作者在文章中进行了归纳分析，给出了结论。你赞同作者的观点和分析吗？请说出你的观点和理由。

想一想，人类发展史上其他一些相互有过交融、影响的文明、文化（如：世界四大古代文明、当代的各国文明等）的差异性与互补性。

请上网找寻与这一主题相关的言论、事例、名人名言。

写作提示

这篇小论文把世界文明分门别类，并采用对比的写作方法，凸现出中西文明的差异性；文章条分缕析、层次分明；作者也采用了层层深入的方法，先指出中西文明的差异，继而分析这两种文明之间的互补性，最后得出"中西文明彼此之间应该相互尊重，取长补短，互通有无，共生共荣，并行发展"的结论。

在写作方法上，文章以事实为依据，并引用了名人名言、典籍俗语等，使得文章论点鲜明，论据充分，具有较强的说服力。

> 写作练习

步骤一：分组讨论

  分组，先选择两种文明或者文化，讨论它们的特点，比较其差异性，看看它们相互间有着怎样的关系。

步骤二：讨论后列出大纲

我们的题目是：_____

我们的论述：

一、两种文明的差异性

1. _____
2. _____
3. _____

其他：
_____
_____

二、两种文明的关系

1. _____
2. _____
3. _____

其他：
_____
_____

三、结论
_____
_____

论证中可以使用的事例有：

1. _____
2. _____
3. _____

论证中可以使用的名人名言有：

1. _____
2. _____

步骤三：写作

具体要求：

1. 文章内容：

   ① 文章要讨论的问题和基本观点。

   ② 分析两种文明或者文化的主要特点和差异。

   ③ 分析两种文明或者文化是否具有互补性，有哪些互补性。

   ④ 总结文章内容，说明自己的看法。

2. 写作方法：

   ① 文体是议论文。

   ② 采用层层深入的递进式结构，注意使用对比等手法，运用事例、名人名言等加以论证。

3. 使用词语：在文章至少使用8—10个本课所学的新词语。

4. 字数：1000字左右。

步骤四：修改并定稿

完成作文后请老师提出意见，再根据老师的意见进行修改，最后抄写到作文本或稿纸上，也可以输入电脑并打印出来。

补充阅读与思考

中国俗语的理工科解释

随着中国的日渐崛起，美国各主要大学几乎都开设了中文选修课，麻省理工学院也不例外。在一个三十课时的阶段学习结束后，一位中文教授对这些高材生们进行了一次口语问答测试，以下是现场实录。

教授：先生们女士们，大家的课程都已经进行了一段时间了，我想在座的除了极个别的人需要非常精深的中文知识以外，大多数的人只需要简单的口语就足够应付了，因此今天我想将一些中国人常用的俗语介绍给大家。我想你们中的不少人应该都能知道它们的准确答案，所以当我讲完，在座的谁要是知道就请他主动站起来为大家解释那句俗语的含义。我希望我已经说得足够明确了,可以了吗?

学生:OK。

教授:不不不!应该说"可以了"。OK?

学生:O……可以了。

教授:第一题:言多必失。

学生某:这句的意思是这样,盐通常是一种固体粉末,溶于水,当盐长时间暴露在空气中就会吸收空气中大量的水分,使盐结块,所以,盐多必湿。

教授:第二题:沉默是金。

学生某:金是一种难溶于水的贵金属,密度大于水,所以当金放入水里之后水的浮力轻于金的重力,所以金会沉没,在古代曾经有位伟大的科学家阿基米德就做过把金冠放到水里的试验,我想聪明的中国人也一定尝试过。

教授:问题三:半斤八两。

众学生:?

教授:好吧,我提示一下,这句话的意思是半斤和八两是相等的。

学生某:这涉及引力的概念,教授,我想在牛顿之前中国人不可能掌握这样的知识,我想在地球上八两重的东西,也许在某个行星上就是半斤,也就是五两,不过我还没有来得及推算是哪颗行星。

教授:我对大家的想象力感到惊叹。关于正确的答案我等会儿再说。问题四:饱汉不知饿汉饥。

学生某:一个人如果非常饥饿,他就会出现低血糖,典型的症状就是心慌、大汗,这就是饿汗,但如果你吃得太多就会引起胃扩张,这时人也会出现大汗,这就是饱汗,饿汗是没办法的事,而饱汗则是不明智的。

教授:先生们,我的鼻子都气歪了。

学生某:教授,鼻子歪了我想应该是面神经麻痹(mábì),不不,可能是麻风,抱歉我不是医科的。

教授:行了,不说了,换个话题。问题,应该是第五题吧:比上不足,比下有余。

第 7 课　语言与文化

学生某：教授，这是个人体力学问题，因为我们握笔的姿势总是靠近笔的末端，所以笔的上端比较短，而笔的下端比较长，比如我们的钢笔。

教授：诸位，不要总是在你们自己的知识圈里绕来绕去，要知道这些都是普通的中国民众日常用语，他们没有你们那么多的专业知识，所以，请从中国人的日常生活来理解他们的话，而不能用你们的专业知识理解，那肯定是错的，明白吗？

众学生：明白。

教授：好了，现在最后一题：不怕一万，就怕万一。

学生某：教授，你的提示非常重要，我们应该首先了解中国人的生活，然后才能了解他们的语言，不怕一万，就怕万一，很显然，这跟打麻将有关，一万是麻将中的一张牌，没什么可怕的，怕就怕你打了张"万一"，那你肯定是出老千了。

教授：完全错误，这是一个关于概率的问题，万一是指万分之一的概率……

众学生：教授，请不要用我们的专业来解释，概率论的提出是很晚的事情，中国百姓不会这么专业。

教授：？！

学生某：教授，您出汗了，您这是饱汗还是饿汗？

教授：NO！NO！NO！我这只是急了。

众学生：OK，这就是"饿汗急"了。

（选自《邯郸晚报》2010 年 7 月 28 日，云弓）

一　读完全文，请你想一想、说一说

1. 你知道这六个俗语的意思吗？请解释一下。请再说出五个以上你知道的其他俗语。
2. 外国人学习汉语，为什么会有文章中所发生的一些错误？请从中国文字、语言的特点等方面分析一下原因。

二 表演剧

你或你的朋友在学习汉语中一定有一些有趣的故事,请模仿课文,将其编成小话剧,在班上表演。

第 8 课 政治与经济

阅读（一）

当今世界，全球化的浪潮势不可挡。对于发展中的中国来说，如何抓住历史的机遇，如何争取自己的利益，如何实现社会的和谐发展，如何实现自己的现代化目标……一个个崭新的课题摆在面前。其实，无论是发展中国家还是发达国家，面对全球化，都在书写着自己新的篇章。

请阅读这篇文章并认真思考一下：全球化都给我们带来了什么？身处其中的我们，应该怎样面对全球化的现实？

全球化中的中国利益

世界是平的

有人说，在哥伦布①发现地球是圆的之后，现在我们正面临一个 轮回（lúnhuí）：世界变平了，互联网和IT技术把圆形的地球拉平了。因为互联网和IT技术的出现，世界变得没有了差异。

世界变平了吗？至少对中国来说，看起来很像

进入21世纪之后，发展中的中国 热浪（rèlàng） 滚滚。全球化、资本大规模进入、证券（zhèngquàn）②热、人民币汇率（huìlǜ）③重估，当入世④为全世界打开了中国的大门之后，中国变得 炙手

1. 轮回：循环。

2. 热浪：比喻热烈的场面、气氛等。

可热（zhìshǒu-kěrè）了。中国市场正在与世界接轨，中国公司一个接一个地被全球财团⑤并购⑥，手握政权的各国政要（zhèngyào）纷至沓来（fēnzhì-tàlái），连全球金融大鳄（jīnróng dà'è）⑦索罗斯（Suǒluósī）⑧都连称要住到上海来。

作为一个后进国家和一个在工业化刚刚初步完成就遇上信息化浪潮（làngcháo）的国家，中国是幸运的。这个文明古国在衰落（shuāiluò）了一百多年后，在她快速迈开追赶的步伐时，正好碰上了工业革命之后的又一次技术浪潮，在信息化浪潮中，中国在一些领域的落后反而成为优势。比如说中国可以直接用光纤（guāngxiān）⑨组成自己的通信骨干网，而不必像很多西方国家一样痛苦地废弃（fèiqì）以铜芯线为主体的通信网。更为重要的是，由于互联网的出现，机会的分配开始出现均等（jūnděng）的趋势，只要有互联网的地方就有可能接触最先进的产品和理念。这使这个拥有全球最多人口的国家在其现代化进程中呈现出格外多的商机，有谁愿意放弃一个在13亿人口的市场上开拓（kāituò）的机会？

于是在中国彻底打开国门之后，"全球化"一下子充斥（chōngchì）了中国人的视野（shìyě）。头一天还在美国某次会议上讨论的一个创业模式，第二天在中国就会有试图依葫芦画瓢（yī húlu huà piáo）实践的创业者。为什么要这样做？很简单，因为这是一个全球化的时代，我们必须抓住每一个稍纵即逝（shāozòng-jíshì）的机会——抓住了机会就意味着成功。

在这个逻辑下，世界真的变平了。

另一方面，中国有大量的农村人口，他们需要

3. 炙手可热：手一挨近就觉得热。比喻气焰盛，权势大。
4. 政要：政界有权势有地位的人物。
5. 纷至沓来：纷纷到来；连续不断地到来。
6. 浪潮：比喻大规模的社会运动或声势浩大的群众性行动。
7. 衰落：（事物）由兴盛转向没落。
8. 废弃：抛弃不用。
9. 均等：平均；相等。
10. 开拓：开辟；扩展。
11. 充斥：充满；塞满（常含厌恶意）。
12. 视野：眼睛看到的空间范围；眼界。
13. 依葫芦画瓢：照葫芦的样子画出舀水用的瓢。比喻单纯模仿，不加改变。
14. 稍纵即逝：稍一放松就消失了。形容机会或时间很容易失去。

进入城市来享受现代文明，让他们在工厂里找到工作是一个双赢（shuāngyíng）⑩的过程。他们实现了就业，世界则从这些源源不断（yuányuán-búduàn）的廉价劳动力身上得到了更便宜的中国产品。

"低价"的困境

对于中国这样一个农业人口还占到一半以上的国家来说，全球化是一个双赢的局面。中国转移了农业人口，而世界得到了更为便宜的商品。但从目前的情况来看，全球化在中国形成了这样一个副产品：我们生产了太多的廉价的低技术含量的产品，在生产过程中破坏了自己的城乡环境。

也许钢铁行业的例子最容易让我们看清中国现在面临的困境。

现在中国有了大批钢铁企业，创造了全球数一数二（shǔyī-shǔ'èr）的产能（chǎnnéng）。但这些令人自豪的产能数字给中国带来的，并不是什么值得自豪的财富。相反，它们给中国带来的，是全球三大铁矿石公司对钢铁原料的集体涨价。而当这些中国企业买进了高价的原料后，它们生产出来的产品却因为是初级产品而连提一句涨价的勇气都没有。无论是民营的还是国有的钢铁企业，都只能寄希望于压缩成本和增加技术含量来消化上升的成本。但增加技术含量又谈何容易（tánhé-róngyì），最简单的，无非（wúfēi）是一而再、再而三（yī ér zài, zài ér sān）地降低生产成本。

这是一个不容易走出的困境。在经济全球化的过程中，规则早已由发达国家制定完毕：技术应由专利决定，中国作为后进国家是一个付出代价者；

---

15. 源源不断：形容连接不断。

16. 数一数二：形容突出。
17. 产能：生产能力。

18. 谈何容易：说起来怎么这样容易，表示事情做起来并不像说的那么容易。
19. 无非：只；不外乎。
20. 一而再、再而三：反复多次；再三。

利润由资本构成决定，中国因为金融体制上的落后还要继续付出代价；现代法律体系已经形成，中国法律也将沿着差不多的道路前行。

在全球化过程中，中国分散的企业在面对垄断的西方上游原料企业和下游零售企业时，完全处于被动接受的地位。在这种情况下，人们发现低价、更低的价格成为中国企业追求的唯一目标。

片面追求低价的赢利（yínglì）使追求技术进步在中国成了一种不经济的企业行为，因为有巨大的劳动力后备军（hòubèijūn）和农村家庭急于通过工业化致富（zhìfù）。

21. 赢利：获得利润。

22. 后备军：指某些职业队伍的补充力量。

23. 致富：实现富裕。

但是中国毕竟已经掌握了相当一批产品在全球最低成本的制造能力。不管是鞋子、衬衫还是钢铁，世界对中国产品已经形成了依赖。对于中国来说，重要的是如何利用这种依赖，为中国争取更多的利益，也为本行业争取可持续发展⑪的可能性。

寻求提升的机会

作为一个国家，中国需要怎样的全球化？

在经济全球化的框架（kuàngjià）下，企业是经营者。政府对商业行为的干涉必须在商业规则许可的范围内，必须遵守商业的规则。因此中国社会传统的政府力量，在这个领域无法起到应有的作用。而在计划经济体制⑫下生长起来的中国行业协会，无法起到行业协会应有的作用。

24. 框架：比喻事物的组织、结构。

第 8 课　政治与经济

　　从根本上来说，没有一个西方国家敢于说它不需要中国低价衬衫和鞋子。但是现在的"中国低价"无疑低过了头（guòle tóu），它透支（tòuzhī）了中国的环境、土地和人力，仅仅使中国企业的老板获得了利润，却失去了中国通过全球化提升的机会。

　　全球化是大势（dàshì）。但在不同的体制下，全球化结出不同的果实。如何通过全球化的进程学习发达国家的经验，改革并完善相应的制度，为保障人民的生活和国家利益承担责任，应该也是政府应尽的义务。

　　中国的改革开放，只有在中国制造能为这个国家带来真正的利益，而不只是接连攀升（pānshēng）的外汇储备（wàihuì chǔbèi）[13]时，才能拿到过关（guò guān）的钥匙。

（选自《南风窗》2007 年第 10 期，郑作时）

25. 过头：超过限度；过分。
26. 透支：比喻精神、体力、财物等过度消耗，超过所能承受的程度。
27. 大势：事情发展的趋势（多指政治局势）。
28. 攀升：向上爬；上升。
29. 过关：通过关口，多用于比喻。

注释

① 哥伦布：意大利航海家。先后 4 次出海远航。开辟了横渡大西洋到美洲的航路。证明了大地球形说的正确性。
② 证券：多种经济权益凭证的统称，是证明证券持有人有权按其券面所载内容取得应有权益的书面证明。按其性质，不同证券分为证据证券，凭证证券、有价证券等等。
③ 汇率：一个国家的货币兑换其他国家的货币的比例。
④ 入世：加入世界贸易组织（WTO）。
⑤ 财团：financial group，金融资本集团的简称。
⑥ 并购：一般指兼并（Merger）和收购（Acquisition）。
⑦ 金融大鳄：资金雄厚并且在金融领域具有巨大影响力的人。（鳄：crocodile，一种爬行动物，俗称鳄鱼。）
⑧ 索罗斯：George Soros，匈牙利出生的美国籍犹太裔商人，著名的货币投机家、股票投资者、慈善家和政治行动主义分子。
⑨ 光纤：optical fiber，光导纤维。

⑩ 双赢：来自于英文"win-win"的中文翻译。强调的是双方的利益兼顾。
⑪ 可持续发展：一种注重长远发展的经济增长模式，最初于1972年提出，指既满足当代人的需求，又不损害后代人满足其需求的能力，是科学发展观的基本要求之一。
⑫ 计划经济体制：又称指令型经济，是对生产、资源分配以及产品消费由政府事先进行计划的经济体制。
⑬ 外汇储备：Foreign Exchange Reserve，为了应付国际支付的需要，各国的中央银行及其他政府机构所集中掌握的外汇资产。

练习　Exercises

一　根据下面句子的意思写出相应的词语

1. 比喻体力、财物等过度消耗，超过所能承受的程度。　　（　　　）
2. 超过限度；过分。　　（　　　）
3. 表示事情做起来并不像说的那么容易。　　（　　　）
4. 反复多次；再三。　　（　　　）
5. 形容突出。　　（　　　）
6. 形容连接不断。　　（　　　）
7. 眼睛看到的空间范围；眼界。　　（　　　）
8. 开辟；扩展。　　（　　　）
9. 抛弃不用。　　（　　　）
10. 充满；塞满。　　（　　　）
11. 形容机会或时间很容易失去。　　（　　　）
12. 由兴盛转向没落。　　（　　　）
13. 比喻气焰盛，权势大。　　（　　　）
14. 比喻大规模的社会运动或声势浩大的群众性行动。　　（　　　）
15. 连续不断地到来。　　（　　　）
16. 只；不外乎。　　（　　　）

二　根据文章的内容，判断下面的哪句话是正确的

☐ 1. 互联网和IT技术的出现，让世界变平了，没有了差异。
☐ 2. 入世后的中国变得炙手可热，世界正在与中国市场接轨，全球财团接连并

第 8 课　政治与经济

购中国公司。
- [ ] 3. 中国很幸运，作为后进国家遇上了工业化浪潮。
- [ ] 4. 互联网的出现使机会的分配出现均等，通过互联网可能接触到最先进的产品和理念。
- [ ] 5. 中国在现代化进程中呈现出众多商机，谁不希望开拓这个拥有全球最多人口的市场。
- [ ] 6. 在全球化的时代，必须抓住每一个稍纵即逝的机会，才可能成功。
- [ ] 7. 中国成为世界的工厂，大量农村人口实现就业，而世界得到更便宜的中国产品，这是双赢。
- [ ] 8. 全球化也给中国带来了副产品，中国生产出的很多产品是廉价的技术含量不高的。
- [ ] 9. 面对原料的涨价，中国的钢铁企业通过压缩成本和增加技术含量消化了上升的成本。
- [ ] 10. 中国的钢铁企业创造了世界数一数二的产能，增加技术含量说起来是十分容易、简单的。
- [ ] 11. 在经济全球化的过程中，规则早已由发达国家制定，中国企业在专利、资本、法律体系等方面都面临困境。
- [ ] 12. 因为有急于致富的巨大的劳动力后备军和农村家庭，在中国，追求技术进步成了不经济的行为。
- [ ] 13. 中国应该利用世界对中国低成本产品的依赖，为自己争取更多的利益，争取可持续发展的可能性。
- [ ] 14. 企业是经营者，政府必须遵守商业规则，不许可干涉商业行为。
- [ ] 15. 过分的低价透支了中国的环境、土地和人力，企业失去了通过全球化提升自己的机会。
- [ ] 16. 外汇储备接连攀升才能使中国的改革开放顺利过关。

三 根据文章内容，用指定的词语回答问题。请不要照搬课文，清楚地理解课文内容后，尽量用自己的话来写

1. 文章为什么说"世界变平了"？请以中国的情况为例说一说。（提示：①热浪滚滚；②幸运和商机；③双赢。）_____

轮回　炙手可热
纷至沓来　衰落
均等　开拓　视野
稍纵即逝　源源不断

2. 在双赢的同时,中国面临的困境及其原因(外部、内部原因)是什么? _____
_____
_____
_____

> 数一数二　谈何容易
> 无非　一而再,再而三
> 过头　透支　完毕
> 后备军　致富

3. 在全球化的大势中要想获得提升的机会,中国的政府和企业应该怎样做? _____
_____
_____
_____

> 框架　依赖　攀升
> 过关

四　写作实战练习

问题提示

"全球化"到底是什么?它有什么具体的内涵?如果你对此还缺乏全面的了解,请先上网查一查相关的资料,并思考一下自己对这个"世界大潮"有什么样的看法。

这篇文章的作者郑作时是中国著名的财经作家。文章提到中国在全球化进程中的发展、商机、困境、出路等,对于作者的观点,你同意哪些,不同意哪些?你自己对这些问题又有怎样的看法?

请根据你的切身观察和体会,谈谈经济全球化中的双赢问题以及全球化给地球带来的副产品。你认为,发达国家和发展中国家应该如何面对全球化?各自应该尽什么责任?怎样维护自己的利益?而全球化对我们每个人又会有什么样的影响呢?

写作提示

这篇文章在写作上有两点值得我们注意。

一是在结构安排上。从形式来看,本文采用的是并列的结构,但从作者的观点来看,内在有一种递进的逻辑关系。所谓递进,就是纵向开拓,步步推进,深化议论。文章在阐述中心论点时,各层次、段落之间的关系,是环环相扣、逐层深入的关系,前一部分论述是后一部分论述的基础,最后推导出文章的结论。常见的模式有:"是什么——为什么——怎么样"和"提出问题——分析问题——解决问题",也可以是"小××——中××——大××"。在这篇文章中,作者运用的是哪种模式？具体是怎么运用的？它的内在的递进关系体现在哪里？在老师的启发和指导下，全班同学一起分析一下。

二是用比喻的方法来表明自己的观点。所谓"比喻"，是一种修辞方法，就是"打比方"，根据事物之间的相似点，把某一事物比作另一事物，把抽象的事物变得具体，把深奥的道理变得浅显。前面我们学习过用比喻法描写事物，可使事物形象鲜明生动，加深读者的印象；现在我们在本文中可以看到。用比喻的手法来说明道理，能使道理通俗易懂，使人易於理解。文章中说："世界变平了，互联网和 IT 技术把圆形的地球拉平了。"这个比喻方法的使用，把全球化和互联网背景下的当今世界的特点形象地表现了出来。

写作练习

步骤一：分组收集材料、讨论

全班分组，每组根据"问题提示"中的内容确定自己的写作内容和题目，根据下面的大纲分别去搜集资料，然后进行讨论。

步骤二：讨论并完成大纲

我们的题目是：＿＿＿＿＿＿＿＿＿＿＿＿＿＿＿＿＿＿＿＿＿＿＿＿＿

我们的观点是：＿＿＿＿＿＿＿＿＿＿＿＿＿＿＿＿＿＿＿＿＿＿＿＿＿

我们准备从以下几方面论述（参考：全球化的大势和某一国家的具体情况；全球化的利和弊；发达国家和发展中国家的机遇和问题；问题的原因和解决的办法；全球化对个人的影响等）

观点一＿＿

事实、数据或分析：＿＿

观点二＿＿

事实、数据或分析：＿＿

观点三＿＿

事实、数据或分析：_____
_____

总结：_____
_____

步骤三：写作

具体要求：

1. 文章内容：
    ① 说明要讨论的问题和基本观点。
    ② 三个分论点，用事实和数据来加以支撑。
    ③ 对上述事实和数据进行分析。
    ④ 总结全文。
2. 写作方法：
    ① 文体是议论文。
    ② 在总体观点下，用三个小观点来支撑。这三个小观点之间具有层层深入的逻辑关系。
    ③ 注意语言表达的准确和通顺；同时试着使用比喻的修辞方法。
3. 使用词语：在文章至少使用8—10个本课所学的新词语。
4. 字数：1000字左右。

步骤四：修改并定稿

完成作文后请老师提出意见，再根据老师的意见进行修改，最后抄写到作文本或稿纸上，也可以输入电脑并打印出来。

阅读（二）

这篇文章的作者李嘉诚，长江和记实业有限公司及长江实业地产有限公司前主席。他1928年出生在广东潮州，1939年为了躲避战火全家迁往香港。李嘉诚出身寒门，14岁时父亲病逝，他被迫辍学，挑起赡养母亲、抚育弟妹的重担。他从茶楼的跑堂做起，经过半个世纪的努力，终于成为了声名显赫、成就卓著的香港商界巨擘,全球华人首富。

他是如何取得这么巨大的成功的?这篇文章也许可以告诉我们一部分答案。让我们来看看,李嘉诚怎样总结他的成功之道——做人之道和用人之道。

管理者先要管好自己

我22岁成立公司以后,进取奋斗的品德和性格,对我而言已有所不同,我知道光凭任劳任怨的毅力,已是过时的观念。

"如果"一词对我也有了新的意义,多层思量和多方能力,皆有极大的价值,要知道"后见之明①"在商业社会中,只有很狭隘(xiá'ài)的贡献。人类最独特的,不仅是有洞悉(dòngxī)思考事物本质的理智,还有遵守承诺(chéngnuò)、矫正(jiǎozhèng)更新的能力和坚守价值观及追求目标的意志。

赋予(fùyǔ)企业生命

成功的管理者应是伯乐(Bólè)②,伯乐的责任是挑选(不仅在甄选、延揽)"比他更聪明的人才",但绝对不能挑选名气大却妄自(wàngzì)标榜(biāobǎng)的企业明星。高度竞争的社会中,高效组织的企业,亦无法负担那些滥竽充数(lànyú-chōngshù)、唯唯诺诺(wéiwéi-nuònuò)、灰心丧气的员工,同样也难负担仅以自我表演为一切出发点的"企业大将(dàjiàng)"。

挑选团队,有忠诚心是基本的,可仅有忠诚但能力低的人和道德水平低下的人,迟早会累垮

1. 狭隘:(心胸、气量、见识等)局限在一个小范围里;不宽广;不宏大。
2. 洞悉:很清楚地知道。
3. 承诺:对某项事务答应照办。
4. 矫正:改正;纠正。
5. 赋予:交给(重大任务、使命等)。
6. 妄自:自己过分地、狂妄地(做)。
7. 标榜:提出某种好听的名义,加以宣传、夸耀。
8. 滥竽充数:比喻没有真正的才干,而混在行家里面充数。
9. 唯唯诺诺:形容一味顺从别人的意见。
10. 大将:比喻得力的部属或集体中的重要人物。

团队、拖垮企业，是最不可靠的人。要建立**同心协力**（tōngxīn-xiélì）的团队，第一条法则就是能**聆听**（língtīng）得到沉默的声音，问自己团队和你相处有无乐趣可言，你是否开明**公允**（gōngyǔn）、**宽宏大量**（kuānhóng-dàliàng）？你能否承认每一个人的尊严和创造能力？

管理团队要知道什么是正确的"杠杆心态"。杠杆定律（gànggǎn dìnglǜ）③的始祖阿基米德（Ājīmǐdé）④曾说："给我一个支点，我可以**撬**（qiào）起整个地球。"支点是效率和节省资源策略智慧的出发点，不知从什么时候开始，把这概念简单**扭曲**（niǔqū）为叫人迷惑的"**四两拨千斤**（sì liǎng bō qiān jīn）"，教人以小博大。聪明的管理者专注研究，精算出的是支点的位置，支点的正确无误才是结果的核心。这门功夫**倚仗**（yǐzhàng）你的专业知识和综合实力，能**洞察**（dòngchá）出那些看不见的联系之层次和次序。今天，我们看见很多公司只看见千斤和四两的直接可能性，而忽视支点的可能性，因过度扩张而陷入困境。

对我而言，管理人员对会计知识的掌握和尊重，对现金流⑤的控制及公司预算的掌握，是最基本的元素。还有两点不要忘记：第一，管理人员特别要花心思在脆弱环节；第二，在任何组织内**优柔寡断**（yōuróu-guǎduàn）者和盲目冲动者，均是一种传染病毒。前者的**延误**（yánwù）时机和后者的盲目冲动，均可使企业在一夕间造成**毁灭**（huǐmiè）性的灾难。好的管理者真正的艺术在其接受新事物、新思维，于传统中更新的能力。

"天行健，君（jūn）子以自强不息⑥。"要保持

---

11. 同心协力：统一认识，共同努力。
12. 聆听：听。

13. 公允：公平恰当。
14. 宽宏大量：形容人度量大。

15. 撬：把棍棒、刀等的一头插入缝中或孔中，用力扳或压另一头。

16. 扭曲：比喻歪曲、颠倒（事实、形象等）。
17. 四两拨千斤：顺势借力，以小力胜大力。

18. 倚仗：靠别人的势力或有利条件；依赖。
19. 洞察：观察得很清楚。

20. 优柔寡断：办事迟疑，没有决断。

21. 延误：迟延耽误。
22. 毁灭：摧毁消灭。

企业生生不息（shēngshēng-bùxī），不单是时下流行的在企业宣传册上打上使命，或是懂得说上两句人文精神⑦的话，而是在商业秩序模糊的地带，力求建立正直诚实的良心。

实现自我管理

要做一个成功的管理者，态度与能力一样重要。想当一个好的管理者，首要任务是知道自我管理是一项重大责任。在变化万千的世界中，发现自己是谁，了解自己要成什么模样，是建立尊严的基础。

我认为自我管理是一种静态管理，是培养理性力量的基本功，是人把知识和经验转变为能力的催化剂（cuīhuàjì）⑧。

人生在不同的阶段中，要经常反思自问：我有什么心愿？我有宏伟的梦想，但我懂不懂得什么是节制的热情？我有拼战命运的决心，但我有没有面对恐惧（kǒngjù）的勇气？我有天赐（cì）良机，但有没有实用智慧的心思？我自信能力天赋（tiānfù）过人，但有没有面对顺流逆流时恰如其分（qiárú-qífèn）处理的能力？你的答案可能因时因事而有所不同，但思索是上天赐予人类捍卫（hànwèi）命运的盾牌（dùnpái）。

很多人总是把不恰当的自我管理与交厄运（èyùn）混为一谈（hùnwéiyìtán），这是消极无奈和不负责任的人生态度。我14岁还是穷小子时，对自己的管理方法很简单：我必须赚取一家人勉强存活的费用，我也知道没有知识，改变不了命运。我知道自己现在没有本钱好高骛远（hàogāo-wùyuǎn），尽管当时我也想飞得很高，但我不期望

23. 生生不息：变化和新生事物的发生没有终止。

24. 恐惧：惧怕。
25. 赐：赏给。
26. 天赋：天资。
27. 恰如其分：办事和说话正合分寸。
28. 捍卫：保卫。
29. 盾牌：古代用来防护身体、遮挡刀剑的武器。
30. 厄运：困苦的遭遇；不幸的命运。
31. 混为一谈：把不同的事物混在一起，说成是同样的事物。

32. 好高骛远：不切实际地追求过高的目标。

像希腊神话⁹中的伊卡洛斯（Yīkǎluòsī）¹⁰一样，凭仗蜡做的翅膀翱翔（áoxiáng）而掉下。所以，我一方面紧守角色，虽然当时只是小工，我还是坚持把每样交托给我的事做得妥当出色；另一方面绝不浪费时间，把任何省下来的一分一毫，都购买实用的旧书籍。我知道，要成功怎能光靠运气？欠缺学问知识，即使运气来临你也不知道。

还有，讲究仪容（yíróng）整齐清洁是自律（zìlǜ）的表现，谁都能理解贫困的人包装选择不多，但能选择自律态度的人，更容易受到欣赏。

不可无傲骨（àogǔ）

企业核心责任是追求效率及赢利，尽量扩大自己的资产价值，同时又要肩负一定的社会责任。

我常常跟儿子说，要建立没有傲心但有傲骨的团队，在肩负经济组织特定及有限责任的同时，也要努力不懈（búxiè），携手服务于社会。

经营企业的主要动机是赢利，经济社会的动力来自于人类无穷（wúqióng）的欲望。传统的儒（rú）家思想¹¹推崇（tuīchóng）道德标准的作用，而今天很多商业管理课程则强调，效益和赢利是衡量（héngliáng）企业成功与否的主要标准，这两种有着明显冲突和矛盾的取向（qǔxiàng）都是不完整的，最重要是寻求两者圆满的融合（rónghé）。一个有使命感的企业家，在捍卫公司利益的同时，更应重视以努力正直的途径，谋取良好的成就。

在这个竞争日益激烈和经济全球化的时代，企业必须讲求效率及增值能力。为了实现可持续发展，企业必须同时具备多项成功的要素，包括全景思维、

---

33. 翱翔：在空中回旋地飞。

34. 仪容：仪表（多就容貌说）。
35. 自律：自己约束自己。

36. 傲骨：比喻高傲不屈的性格。

37. 不懈：不松懈，不懒惰。

38. 无穷：没有穷尽；没有限度。
39. 推崇：十分重视并给予很高的评价。
40. 衡量：比较；评定。

41. 取向：指向；方向。
42. 融合：几种不同的事物合成一体。

第8课　政治与经济

　　务实（wùshí）创新、良好管理、完善灵活的组织和制度、出色可靠和富有经验的管理阶层、勤奋负责和忠诚服务的员工、科学化及完备的数据库。除此以外，今天的商业领袖，还要建立起管理层和员工之间彼此信任和尊重的企业文化。

　　很多媒体问我，如何做一个成功的商人？其实，我很害怕被人这样**定位**（dìngwèi）。我首先是做一个人，其次是做一个商人。

　　人生中最关键的成功方法就是找到引导人生的坐标⑫。没有原则的人会漂流不定。有正确的坐标，做什么角色都可以保持真我，会有不同程度的成就，并且生活得更快乐、更精彩。

　　今天商业社会的进步，不仅要靠个人勇气、勤奋和坚持，更重要的是建立社群⑬所需要的诚实、**慷慨**（kāngkǎi），从而创造一个更公平、更公正的社会。

（选自《IT时代周刊》2010年第12期，李嘉诚）

43. 务实：讲究实际，不求浮华。

44. 定位：把事物放在适当的地位并作出某种评价。

45. 慷慨：充满正气，情绪激昂。

注释

① 后见之明：hindsight, afterlight。指事情发生之后的判断，即可得益于事件结果反馈的判断，与"先见之明"（不知晓事件结果时的判断）是相对的。

② 伯乐：春秋时秦国人，善于相（xiàng）马（观察判断马的优劣）。后来比喻善于发现和选用人才的人。

③ 杠杆：lever，杠杆定律：lever rule。

④ 阿基米德：Archimedes（前287—前212），古希腊哲学家、数学家、物理学家。享有"力学之父"的美称。

⑤ 现金流：企业一定时期的现金和现金等价物的流入和流出的数量。是现代理财学中的一个重要概念。

⑥ 天行健，君子以自强不息：天道运行刚劲雄健，君子应自觉奋发向上，永不松懈。出自《周易》。

⑦ 人文精神：humanism。

⑧ 催化剂：又称触媒，一类能改变化学反应速度而在反应中自身并不消耗的物质。

⑨ 希腊神话：口头或文字上一切有关古希腊人的神、英雄、自然和宇宙历史的神话。

⑩ 伊卡洛斯：伊卡洛斯（Icarus）绑缚着羽毛做的翅膀飞到天空，太阳融化掉翅膀上的蜡，他跌入海中丧命。

⑪ 儒家思想：也称为儒教或儒学，由孔子创立，后来逐步发展为以尊卑等级的仁为核心的思想体系，是中国古代影响最大的流派，也是中国古代的主流意识。儒家学派对中国，东亚乃至全世界都产生过深远的影响。

⑫ 坐标：coordinate。

⑬ 社群：community。

练习 Exercises

一 选词填空，每个词只能使用一次

| 推崇 | 赋予 | 洞察 | 延误 | 优柔寡断 | 滥竽充数 | 生生不息 | 好高骛远 |
| 承诺 | 衡量 | 毁灭 | 聆听 | 狭隘 | 混为一谈 | 同心协力 | 唯唯诺诺 |

1. 讲爱国主义、讲民族自信心，决不等于（　　　　）地排斥国外一切先进的东西。
2. 公司的经营遇到问题，正处于十字路口，（　　　　），犹豫彷徨，只会让机会从自己身边溜走。
3. 政府的一切权力都是人民（　　　　）的，必须对人民负责，为人民谋利益，接受人民监督。
4. 对中国人来说，安徒生（Hans Christian Andersen）是一个亲切的名字。孩子在入睡前都会（　　　　）《卖火柴的小女孩》《海的女儿》等童话故事。
5. 企业管理者每天面对数以千计的市场信息，要（　　　　）其真相和本质，才能做出正确的决策。
6. 现代企业对员工的要求，已不再是（　　　　），唯命是从，而是积极进取、具有创新精神。
7. 学校开学时关于宿舍管理的各项（　　　　）正逐步兑现，我们的宿舍现在管理得越来越干净、整齐、有序了。
8. 青年人积极进取这是好事，可如果（　　　　），超越本身能力去寻求职业，自然不会有多大作为。

第 8 课　政治与经济

9. 有些公司在市场交易中用伪劣商品（　　　　），最终导致交易额大幅度下降，产品大量滞销，甚至公司倒闭。

10. 有人担心，在全球化浪潮冲击下，许多传统文化会遭受（　　　　）性打击。比如中国的一些年轻人只知道过圣诞节、情人节，却不知道春节的习俗和文化。

11. 经济只有良性循环才会产生（　　　　）的动力，中国发展循环经济的共识已经形成，但依然任重道远。

12. 在实际商业活动中，不少人往往把营销与推销（　　　　）。以为只要推销出商品，就是贯彻了营销观点。其实这是一种误解。

13. 国民生产总值的多少，是（　　　　）一个国家经济实力大小的一个重要尺度。

14. 大雾和雷暴等天气原因，已成为大面积航班（　　　　）和旅客滞留的主要原因，其经济损失巨大。

15. 去年工业企业受外部环境的影响困难较多，由于公司上下（　　　　），实现利润 1200 万，超过往年。

16. "葡萄柚饮食"是一种 30 年前在西方国家备受女性（　　　　）的减肥食谱。一项最新研究发现，这种饮食方法确实有其独特的效用。

二　下面这几组词语的意思相近或有联系，请查查词典，思考一下，然后把它们在词义和用法上的主要异同点填在下面的表格里。上课时，跟老师和同学讨论一下

1. 洞悉——洞察

	洞悉	洞察
相同点		
相异点		

179

2. 恐惧——恐怖

	恐惧	恐怖
相同点		
相异点		

3. 捍卫——保卫

	捍卫	保卫
相同点		
相异点		

4. 推崇——推重——崇拜

	推崇	推重	崇拜
相同点			
相异点			

三 根据文章的内容，判断下面的哪句话是正确的

- [ ] 1. 对我来说，进取奋斗的精神是始终不变的，只要有任劳任怨的毅力，就一定会成功。
- [ ] 2. 成功的管理者应该是伯乐，选拔出那些更聪明、名气大、会标榜自己的企业人才。
- [ ] 3. 那些滥竽充数、唯唯诺诺、灰心丧气的员工，那些只知道表现自己的人都不是现代企业需要的。
- [ ] 4. 对于团队忠诚的人是不可靠的，而且那些能力、道德水平低的人会累垮团队、拖垮企业。
- [ ] 5. 聆听沉默的声音，开明公允、宽宏大量，大家快乐相处，人人都有尊严、能发挥能力，这样的团队才能同心协力。
- [ ] 6. 杠杆原理不是简单的以小博大、四两拨千斤，这种曲解可能造成公司过度扩张从而陷入困境。
- [ ] 7. 优柔寡断和盲目冲动都可以给企业带来毁灭性的灾难。
- [ ] 8. 时时宣传企业的使命和人文精神，就可以保持企业生生不息，建立企业正直诚实的良心。
- [ ] 9. 成功的管理者首先要懂得自我管理。知道自己是谁，应该成为什么模样，才能建立尊严。
- [ ] 10. 人生要经常反思自问，思索是上天赐予人类的捍卫自己命运的盾牌。
- [ ] 11. 讲究仪容整齐清洁，容易受到欣赏，穷人在包装上选择不多，很难有自律的表现，人们能够理解。
- [ ] 12. 企业的核心责任是追求效率及赢利，扩大资产价值之后，可以承担一定的社会责任。
- [ ] 13. 传统的儒家思想推崇的道德标准，同今天很多商业管理用来衡量企业成功的效益和赢利标准，两者都是不完整的。
- [ ] 14. 我害怕只被看成成功的商人，我认为做人更重要。
- [ ] 15. 人生最关键的是找到正确的人生坐标，这样就能保持真我，获得极大的成就，生活得快乐精彩。

四 写作实战练习

问题提示

你对文章中的哪段话或哪句话感受最多，请想一想。

你有过工作的经验吗？你所工作过的单位在管理方面做得怎么样？有什么

值得称道或需要改进的地方？你觉得一个单位，不管大小，它的管理水平和业绩之间有着什么样的关系？这篇文章谈到企业的生命在于团队的建立、管理和管理人员的素质；实现自我管理的几个方面；企业的赢利和服务于社会等，对此，你有什么相同或不同的想法？你有没有在文章里面发现李嘉诚成功的原因？李嘉诚的成功对你有什么启发？

写作提示

本文使用的以下方法值得注意。

首先是使用了借代的修辞手法。所谓"借代"，就是抓住甲乙两种事物之间的某种联系，有意用乙事物指代、称谓甲事物。在大部分情况下，借代是用名词代替名词。在本文中，比如"企业大将""杠杆心态""伯乐""催化剂"等这样的说法，就是采用了指代的修辞手法，使语言表达很形象，生动活泼。

其次是使用了设问的修辞手法。所谓"设问"也是一种修辞手法，就是为了引起读者的注意，故意先提出问题，明知故问，自问自答；或提出问题，不需确定答案，这种修辞方式叫做设问。运用设问，能够引人注意，启发思考，也使文章的句式更加丰富灵活。请根据以上解释找一找文章中使用设问的地方。

第三是引用了一些有说服力的名言警句。比如：阿基米德的话："给我一个支点，我可以撬起整个地球"；《周易》"天行健，君子以自强不息"；太极拳术语"四两拨千斤"；希腊神话中的伊卡洛斯的故事等等，都对表达作者的看法起到了画龙点睛的作用。

写作练习

步骤一：分组，阅读文章中的以下三段话并讨论

(1) 要建立同心协力的团队，第一条法则就是能聆听得到沉默的声音，问自己团队和你相处有无乐趣可言，你是否开明公允、宽宏大量？你能否承认每一个人的尊严和创造能力？

(2) 人生在不同的阶段中，要经常反思自问：我有什么心愿？我有宏伟的梦想，但我懂不懂得什么是节制的热情？我有拼战命运的决心，但我有没有面对恐惧的勇气？我有天赐良机，但有没有实用智慧的心思？我自信能力天赋过人，但有没有面对顺流逆流时恰如其分处理的能力？

(3) 今天商业社会的进步，不仅要靠个人勇气、勤奋和坚持，更重要的是建立社群所需要的诚实、慷慨，从而创造一个更公平、更公正的社会。

分组讨论：根据其中的一段或一句话拟定一个主题和题目；讨论如何阐述观点；如何通过推理和例证支持这一观点。

步骤二：讨论后列出大纲

我们的题目是：＿＿＿＿＿＿＿＿＿＿＿＿＿＿＿＿＿＿＿＿＿＿＿＿＿＿＿＿＿＿＿

我们的观点是：＿＿＿＿＿＿＿＿＿＿＿＿＿＿＿＿＿＿＿＿＿＿＿＿＿＿＿＿＿＿＿
＿＿＿＿＿＿＿＿＿＿＿＿＿＿＿＿＿＿＿＿＿＿＿＿＿＿＿＿＿＿＿＿＿＿＿＿＿

我们准备从以下几个方面或几个层次阐述：

1. ＿＿＿＿＿＿＿＿＿＿＿＿＿＿＿＿＿＿＿＿＿＿＿＿＿＿＿＿＿＿＿＿＿＿＿

　推理或例证：＿＿＿＿＿＿＿＿＿＿＿＿＿＿＿＿＿＿＿＿＿＿＿＿＿＿＿＿＿
＿＿＿＿＿＿＿＿＿＿＿＿＿＿＿＿＿＿＿＿＿＿＿＿＿＿＿＿＿＿＿＿＿＿＿＿＿
＿＿＿＿＿＿＿＿＿＿＿＿＿＿＿＿＿＿＿＿＿＿＿＿＿＿＿＿＿＿＿＿＿＿＿＿＿

2. ＿＿＿＿＿＿＿＿＿＿＿＿＿＿＿＿＿＿＿＿＿＿＿＿＿＿＿＿＿＿＿＿＿＿＿

　推理或例证：＿＿＿＿＿＿＿＿＿＿＿＿＿＿＿＿＿＿＿＿＿＿＿＿＿＿＿＿＿
＿＿＿＿＿＿＿＿＿＿＿＿＿＿＿＿＿＿＿＿＿＿＿＿＿＿＿＿＿＿＿＿＿＿＿＿＿
＿＿＿＿＿＿＿＿＿＿＿＿＿＿＿＿＿＿＿＿＿＿＿＿＿＿＿＿＿＿＿＿＿＿＿＿＿

3. ＿＿＿＿＿＿＿＿＿＿＿＿＿＿＿＿＿＿＿＿＿＿＿＿＿＿＿＿＿＿＿＿＿＿＿

　推理或例证：＿＿＿＿＿＿＿＿＿＿＿＿＿＿＿＿＿＿＿＿＿＿＿＿＿＿＿＿＿
＿＿＿＿＿＿＿＿＿＿＿＿＿＿＿＿＿＿＿＿＿＿＿＿＿＿＿＿＿＿＿＿＿＿＿＿＿
＿＿＿＿＿＿＿＿＿＿＿＿＿＿＿＿＿＿＿＿＿＿＿＿＿＿＿＿＿＿＿＿＿＿＿＿＿

总结：＿＿＿＿＿＿＿＿＿＿＿＿＿＿＿＿＿＿＿＿＿＿＿＿＿＿＿＿＿＿＿＿＿＿
＿＿＿＿＿＿＿＿＿＿＿＿＿＿＿＿＿＿＿＿＿＿＿＿＿＿＿＿＿＿＿＿＿＿＿＿＿
＿＿＿＿＿＿＿＿＿＿＿＿＿＿＿＿＿＿＿＿＿＿＿＿＿＿＿＿＿＿＿＿＿＿＿＿＿

步骤三：写作

具体要求：

1. 文章内容：

　① 说明文章要讨论的问题和主要观点。

　② 从几个方面进行推理或论证。

　③ 同时，对以上内容进行分析。

　④ 总结，再次说明自己的观点。

2. 写作方法：
   ① 文体为议论文。
   ② 层次结构清楚，观点层层深入。
   ③ 学习课文的写作方法，试着使用设问、借代等修辞手法，也可以用名言警句来加强文章的气势和说服力。
3. 使用词语：在文章至少使用8—10个本课所学的新词语。
4. 字数：1000字左右。

步骤四：修改并定稿

完成作文后请老师提出意见，再根据老师的意见进行修改，最后抄写到作文本或稿纸上，也可以输入电脑并打印出来。也可以在全班开演讲会。

补充阅读与思考

为何亿万富翁们难退休

对于绝大多数普通大众来说，通常会自觉或不自觉地盼望能够早日实现财富自由，越早退休越好，以环游世界为终极目标，认为只有达到这样的境界，才是人生真正的开始。

然而，许多亿万富翁却不想退休。

实现社会价值

素有"加拿大的默多克"之称的加拿大首富肯尼斯·汤姆森，每天按时上班，直到82岁，突发心脏病在办公椅上静静离世。汤姆森遗留下了巨额财富以及天价的收藏，同时也留下一个惊世传奇。1976年，汤姆森接管父亲一手创办、市值约5亿美元的汤姆森公司。当他去世时，公司价值已高达293亿美元。2006年，汤姆森位列《福布斯》富豪排行榜第九，个人净资产高达196亿美元。

最为中国投资者熟知的沃伦·巴菲特，每年大约赚取135亿美元，每天达到3700万美元，每小时超过150万美元，每分钟略高于25600美元。巴菲特每两分钟赚取的金钱，差不多是一个美国家庭的平均年收入——57617美元。巴菲特已是87岁的老人了，至今依然没有退休的想法，投资是他最热爱的工作，用"工作狂"来形容他一点也不为过。他在接受《财富》杂志采访时说："如果我的肌肉退化、体力消失了，这并不重要，因为这些事情不会影响我选择股票，以及购买公司的能力。"

顶级富豪狂热工作拼命赚钱的例子还有很多。但生活上"吝啬"到苛刻自己的，恐怕不太多见，宜家创始人英瓦尔·坎普拉德就是其中一个。

坎普拉德17岁创办宜家，根据2016年《福布斯》富豪榜，他去世时个人净资产高达34亿美元。作为顶级的亿万富翁，他却生活得像一个穷人：从不佩戴昂贵手表，一双鞋子磨烂了还在穿，一副老式眼镜从没换过，身上的衣服几乎都是跳蚤市场淘来的。上班的时候总在宜家总部吃工作餐，去超市多半挑选减价面包。他没有雇佣司机，而是自己开着20多年的老式沃尔沃，家中的家具和摆设也多来自宜家大卖场，而且还是卖不出去的滞销货。如果节假日需要买蜡烛，他一定要去宜家买。因为出示工作证可以获得内部员工的优惠价。在公司，他要求员工必须节约办公纸，下班一定要关灯。他自己也以节约为本，出差首选廉价航空的低价票，绝对不坐商务舱，坐火车只买二等车厢，住酒店从来都选经济实用型，绝对不订总统套房。这么"穷酸的"亿万富豪，出门挤地铁、挤公交、挤经济舱，一把年纪把金钱看得如此之重，简直"抠门"到不可理喻的地步，他赚钱的目的是什么？

原来，坎普拉德把"抠"下来的钱用在了慈善事业上。自20世纪70年代后期，坎普拉德就在荷兰成立宜家慈善基金会，从此宜家的一切商业利润皆属于宜家基金会，后者已成为全球最大的慈善基金会。在坎普拉德的领导之下，宜家基金会与全球31个国际非营利组织合作，包括联合国儿童基金会、联合国难民署、拯救儿童组织、众筹组织KickStart……2013年，宜家基金会向35个国家共发放9.06亿美元补助金，帮助贫困国家儿童的生活。2016年，坎普拉德又从宜家基金会里拿出30亿美元，用来帮助受气候变化影响最大的人们。

坎普拉德直到生命最后一刻，依然"狂热"地赚钱与慷慨解囊于无数处于温饱线、甚至挣扎在死亡线上的穷人。他曾经说："作为领导者树立榜样很重要。如果我追逐奢华的生活，只会让其他人跟风。"

在欧美，像汤姆森、巴菲特和坎普拉德那样的亿万富翁，热爱工作不言退休的还有如埃隆·马斯克、比尔·盖茨、扎克·伯格。

当然中国的李嘉诚也不逊色，今年3月年届90岁的李嘉诚宣布退休，将千亿王国交棒长子李泽钜。事实上，李嘉诚是退而不休，转任集团的资深顾问换了个头衔而已。

位置决定眼界

于是，我们不禁会发问：为何亿万富翁不停止赚钱，转而花钱比如环游世界？"朝菌不知晦朔，蟪蛄不知春秋"，正如一句网络语所描述的：贫穷限制了我们的想象力。我们不是亿万富翁，自然达不到他们的思想境界。埃伦·马斯克不会每天坐在办公桌前，托腮思考这样的问题："我有足够的钱可以不工作，应该能去世界各地旅游了吧？"沃伦·巴菲特或许没有像往常那样，上午按时到伯克希尔哈撒韦总部办公，而是躺在家里的床上自问："我已经还清抵押贷款，余生可以靠分红生活了吧？"

显然，答案是肯定的。埃伦·马斯克明天就可以退休。沃伦·巴菲特也不必每天坚持阅读财务报表。但他们为什么还在坚持？

当你成为亿万富翁时，金钱已然只是记分卡上的点数，永远不必担心信用卡债务、支付抵押贷款以及把钱存入退休基金这些问题，你会专注于更大的事情。你所关注的问题会变成：我的生意是全球最好的吗，行业中有没有人比我拥有更好的生意，其它行业的人拥有比我更好的生意？我是否尽可能重新投资我的财富，应该给慈善事业捐赠多少财富？我对世界有什么影响，会留下一个传奇吗……

所以，埃伦·马斯克并不关注退休的时间表。他想知道人类是否有可能会成为其它星际中的一个物种。沃伦·巴菲特不会坐在电脑前，计算是否能够在余生靠分红的收入维持生活。他想确认的是：自己真是有史以来最好的资本分配者吗？他的资本配置是否获得了最大的收益？他去世之后该如何处置他的金钱？ 巧合的是，巴菲特和马斯克的这种思维恰恰是最快速致富的方式：不要关注赚多少钱，更应该关注为其他人创造了多少价值，对世界会有什么影响。

第 8 课　政治与经济

正如美国作家 Zig Ziglar 所说:"如果你帮助别人得到他们想要的东西,你就可以拥有你想要的一切。"对于那些生命不息,战斗不止的高龄"年轻人"而言,无所谓退而不休,因为他们的字典里没有"退休"二字。

(选自《经济观察报》2018 年 8 月 16 日,有改动)

一　读完全文,请你查一查、想一想、说一说

1. 上网查查这篇文章中提到的几个主要人物的身世和背景,了解他们的大概情况。
2. 用三五句话概括一下:作者通过讲这几个人的事情是想说明什么?你同意他的观点吗?为什么?

_____
_____
_____

二　调查和报告

利用身边的资源,调查一下老了不想退休的和没老但想退休的两种人,了解他们的想法,并进行分析。最后做成小报告,跟其他同学交流一下。

词汇表

A

词	页
唉声叹气	（1）
安详	（6）
按部就班	（7）
按摩	（7）
暗示	（2）
昂扬	（7）
翱翔	（8）
傲骨	（8）

B

词	页
跋涉	（5）
白热化	（4）
白手起家	（3）
百分之百	（4）
版图	（6）
悲壮	（1）
背道而驰	（4）
辈分	（7）
本土	（3）
本位	（7）
贬值	（3）
变废为宝	（3）
变迁	（4）
遍布	（3）
辨识	（6）
标榜	（8）
标注	（2）
表述	（2）
并非	（2）
并行不悖	（7）
病毒	（5）
播撒	（2）
捕猎	（2）
不妨	（1）
不苟言笑	（5）
不寒而栗	（5）
不可或缺	（5）
不可逆性	（1）
不可思议	（5）
不可推卸	（5）
不谋而合	（1）
不懈	（8）
不厌其烦	（7）
不一而足	（4）
不已	（4）
不以为然	（1）
步履匆匆	（4）

C

词	页
参天大树	（2）
残缺	（6）
残垣断壁	（6）
藏龙卧虎	（3）
层次	（3）
层叠	（6）

词汇表

蹭	（2）
产能	（8）
猖狂	（5）
长于	（7）
畅销	（3）
超薄	（2）
朝廷	（6）
称雄	（3）
承诺	（8）
承受	（2）
承载	（5）
持续	（4）
炽热	（2）
冲动	（5）
充斥	（8）
宠物	（3）
丑闻	（5）
出没	（5）
触动	（2）
触摸	（6）
穿梭	（4）
传媒	（4）
创业	（3）
辍学	（5）
雌雄	（2）
赐	（8）
从军	（1）
粗暴	（6）
脆弱	（5）
存活	（2）
蹉跎	（1）

D

打理	（6）
打造	（6）
大干特干	（6）
大户	（2）
大将	（8）
大势	（8）
大相径庭	（4）
大张旗鼓	（4）
代沟	（4）
怠工	（1）
淡薄	（7）
弹弓	（2）
刀剁斧劈	（7）
得主	（2）
德高望重	（6）
低潮	（5）
低调	（5）
地盘	（2）
颠覆	（4）
点滴	（3）
点缀	（6）
点子	（3）
电线杆	（2）
雕塑	（6）
定位	（8）
东跑西颠	（1）
动辄	（3）
洞察	（8）
洞悉	（8）
堵	（6）
端倪	（1）
对簿公堂	（3）
盾牌	（8）

E

厄运	（8）
恶习	（2）

词语	页码		词语	页码
而已	（4）		高不成低不就	（3）
F			高风亮节	（7）
发酵	（7）		格调	（4）
发轫	（7）		格局	（6）
法则	（7）		各奔前程	（1）
烦恼	（3）		各执一词	（4）
繁衍	（2）		公允	（8）
反驳	（6）		供求	（3）
反射	（2）		沟通	（2）
绯闻	（5）		苟同	（5）
废弃	（8）		构筑	（4）
废墟	（6）		孤注一掷	（5）
分泌物	（2）		故里	（6）
分歧	（4）		雇主	（3）
纷至沓来	（8）		关节	（7）
粉刷	（1）		灌木丛	（2）
愤愤不平	（1）		光景	（1）
风范	（5）		光阴	（1）
风马牛不相及	（7）		归根结底	（4）
奉献	（1）		规范	（7）
服气	（5）		贵族	（3）
浮想联翩	（7）		过关	（8）
浮躁	（6）		过头	（8）
幅度	（3）		过瘾	（1）
福利	（3）		**H**	
副产品	（3）		海平面	（2）
赋予	（8）		骇人听闻	（5）
富得流油	（6）		涵盖	（2）
富可敌国	（3）		捍卫	（8）
G			好不	（2）
甘于	（4）		好景	（5）
尴尬	（3）		好高骛远	（8）
感慨	（7）		好为人师	（4）
感染	（5）		耗费	（4）

词汇表

呵欠连天	（1）
何（时）	（6）
和平共处	（5）
和谐	（5）
核心	（4）
衡量	（8）
轰轰烈烈	（1）
弘扬	（1）
红	（5）
后备军	（8）
后发制人	（7）
呼啸	（7）
胡作非为	（1）
互惠	（3）
互通有无	（7）
怀才不遇	（3）
怀揣	（4）
患者	（5）
荒芜	（6）
恍然	（4）
回报	（3）
回顾	（4）
回升	（5）
回味无穷	（1）
毁灭	（8）
喙	（2）
混为一谈	（8）
混浊	（1）

J

机不可失，时不再来	（1）
基因	（5）
极限	（5）
极致	（7）
即位	（6）

急不可待	（4）
急功近利	（6）
寄予	（5）
加固	（6）
家族	（7）
假手	（1）
假说	（5）
兼容	（7）
间隔	（2）
间接	（4）
见证	（1）
键	（7）
江山	（6）
狡黠	（5）
侥幸	（1）
矫正	（8）
搅拌	（1）
教化	（7）
教义	（7）
皆	（4）
节操	（7）
节俭	（7）
节录	（7）
节拍	（7）
节选	（7）
节制	（7）
节奏	（4）
杰出	（7）
结账	（1）
捷报	（7）
截然不同	（4）
竭尽	（1）
解读	（2）
借助	（2）

191

尽情	(1)	恐惧	(8)
尽兴	(1)	苦恼	(4)
进而	(4)	苦心	(4)
进取	(7)	酷刑	(7)
经意	(4)	会计	(3)
精华	(7)	宽宏大量	(8)
精英	(3)	宽容	(7)
景观	(6)	狂想	(2)
净土	(3)	框架	(8)
竞标	(3)	扩张	(7)
敬畏	(6)	**L**	
境界	(4)	滥竽充数	(8)
窘态	(3)	浪潮	(8)
居高临下	(4)	老鼠	(5)
居心叵测	(4)	雷击	(1)
巨额	(3)	冷酷无情	(3)
据理力争	(4)	理念	(4)
决策	(3)	立大志	(1)
崛起	(3)	利欲熏心	(5)
均等	(8)	辽阔	(6)
均衡	(7)	寥落	(6)
K		缭绕	(6)
开创	(3)	劣势	(4)
开掘	(4)	临界点	(4)
开拓	(8)	聆听	(8)
开源节流	(7)	浏览	(1)
楷模	(5)	留名青史	(1)
堪	(5)	流光溢彩	(7)
堪称	(2)	笼统	(1)
慷慨	(8)	隆重	(5)
苛刻	(3)	录制	(3)
瞌睡虫	(1)	伦理	(4)
可行性	(2)	轮回	(8)
恪守	(6)	轮胎	(3)

词汇表

履历	（3）

M

卖点	（6）
蔓延	（5）
貌似	（7）
枚	（1）
媒介	（5）
霉变	（1）
魅力	（4）
闷闷不乐	（1）
萌芽	（7）
弥补	（1）
弥漫	（6）
弥足珍贵	（1）
迷茫	（5）
密度	（2）
名目	（6）
明智	（4）
冥顽不化	（1）
命中	（1）
模式	（3）
摩擦	（4）
磨合	（5）
魔鬼	（5）
目不转睛	（7）
墓葬	（6）

N

呐喊	（5）
捺	（6）
乃	（4）
乃至	（1）
难免	（2）
挠	（2）
内向	（7）
能耐	（6）
泥沼	（7）
碾压	（3）
扭曲	（8）
纽带	（7）
浓缩	（1）

P

排斥	（5）
排放	（2）
排他	（5）
排外	（7）
排泄物	（2）
攀比	（4）
攀升	（8）
盘根错节	（7）
叛逆	（4）
庞大	（3）
庞然大物	（6）
抛家舍业	（5）
抛弃	（7）
喷洒	（2）
疲惫	（6）
疲于奔命	（4）
偏见	（5）
片刻	（5）
瞥	（4）
撇	（6）
拼搏	（5）
频道	（2）
频繁	（4）
品味	（4）
平淡无奇	（1）
平心而论	（6）
凭借	（3）

屏障	(6)	扫地出门	(3)
破费	(6)	涩	(1)
谱系	(7)	山岭	(6)
Q		捎带	(7)
祈祷	(6)	稍纵即逝	(8)
气味相投	(2)	舍简求繁	(4)
气质	(2)	深思熟虑	(7)
器械	(4)	深造	(3)
恰如其分	(8)	神智不清	(1)
千里迢迢	(4)	渗透	(3)
迁	(3)	生发	(7)
浅薄	(6)	生生不息	(8)
强悍	(6)	生态	(5)
乔装打扮	(6)	声名显赫	(7)
樵夫	(7)	胜地	(2)
悄无声息	(7)	失神	(5)
撬	(8)	时不时	(2)
惬意	(2)	史册	(6)
亲政	(6)	士气	(1)
倾斜	(4)	示警	(2)
取长补短	(7)	事必躬亲	(1)
取向	(8)	试探	(5)
全盘	(7)	视频	(3)
缺陷	(2)	视野	(8)
R		释放	(1)
热浪	(8)	收束	(7)
任劳任怨	(1)	首领	(6)
荣誉	(5)	受潮	(1)
容	(7)	狩猎	(7)
融合	(8)	疏远	(4)
入情入理	(7)	数一数二	(8)
弱点	(7)	竖立	(6)
S		衰落	(8)
撒尿	(2)	衰退	(4)

水涨船高	(3)	透支	(8)
顺从	(2)	图谋	(6)
顺延	(3)	徒子徒孙	(7)
硕大	(2)	推崇	(8)
四两拨千斤	(8)	退役	(5)
四肢	(7)	吞噬	(3)
寺庙	(6)	妥协	(4)
肆虐	(5)		

W

诉苦	(1)	外向	(7)
随心所欲	(7)	蜿蜒	(6)
缩水	(3)	万众瞩目	(7)

T

		王朝	(6)
胎儿	(5)	妄自	(8)
太空	(2)	望其项背	(6)
瘫	(1)	危言耸听	(2)
谈何容易	(8)	威慑	(6)
谈情说爱	(2)	微乎其微	(3)
坦率	(5)	唯唯诺诺	(8)
叹息	(1)	维权	(3)
讨好	(2)	猥琐	(1)
特意	(2)	未尝	(4)
特长	(3)	瘟疫	(5)
提神	(1)	闻风丧胆	(5)
天赋	(8)	窝囊	(1)
天昏地暗	(1)	无从	(6)
天旋地转	(1)	无非	(8)
添油加醋	(6)	无穷	(8)
舔舌	(2)	无时无刻	(4)
调教无方	(2)	无须	(2)
停滞	(4)	五花八门	(4)
同步	(7)	兀立	(6)
同甘共苦	(1)	务实	(8)
同心协力	(8)	物竞天则	(5)
统称	(2)	物种	(5)

悟	(4)	雄主	(6)
X		休憩	(7)
熄	(1)	虚度	(1)
狭隘	(8)	畜牧业	(5)
狭窄	(1)	蓄意	(5)
遐想	(7)	漩涡	(4)
瑕疵	(1)	炫耀	(4)
先发制人	(7)	绚丽	(1)
闲散	(4)	血性	(5)
闲暇	(4)	血缘	(7)
线索	(6)	寻常	(3)
陷阱	(4)	**Y**	
陷入	(3)	压榨	(5)
腺体	(2)	延缓	(6)
相安无事	(5)	延误	(8)
相貌	(3)	研磨	(1)
相融	(1)	衍生	(3)
香醇	(1)	演习	(6)
香火	(6)	扬善弃恶	(7)
享用	(1)	腰缠万贯	(6)
想见	(6)	业已	(4)
消遣	(6)	一而再、再而三	(8)
小品	(6)	一贯	(1)
歇脚	(7)	一仆二主	(7)
协同	(5)	一事无成	(1)
心态	(3)	一味	(4)
心仪	(3)	一言以蔽之	(4)
欣慰	(4)	依葫芦画瓢	(8)
薪水	(3)	依托	(6)
信仰	(5)	仪容	(8)
兴盛	(6)	遗传	(5)
行星	(2)	遗存	(6)
兴味索然	(6)	遗址	(6)
雄心勃勃	(2)	疑难	(5)

词汇表

以毒攻毒	（5）	源源不断	（8）
倚仗	（8）	怨不得	（2）
亦	（1）	怨天尤人	（1）
抑扬顿挫	（7）	约莫	（1）
溢	（1）	运作	（3）
音频	（3）	**Z**	
引申	（7）	栽植	（2）
引子	（7）	在乎	（4）
楹联	（6）	造化	（5）
赢利	（8）	造就	（3）
应有尽有	（3）	咋舌	（6）
拥兵自重	（6）	斩尽杀绝	（5）
庸人自扰	（2）	展示	（3）
慵懒	（4）	展现	（3）
优厚	（3）	彰显	（2）
优柔寡断	（8）	帐户	（3）
优先	（3）	招徕	（6）
优雅	（1）	招揽	（3）
优哉游哉	（4）	招招皆胜	（1）
幽静	（6）	照射	（2）
由衷	（5）	哲人	（7）
有偿	（3）	征战	（6）
有待	（2）	拯救	（2）
有迹可循	（7）	正统	（7）
有生之年	（1）	政要	（8）
有数	（1）	肢解	（7）
诱惑	（6）	肢体	（2）
雨后春笋	（3）	殖民者	（5）
欲哭无泪	（1）	制约	（5）
欲望	（4）	炙手可热	（8）
愈	（5）	致富	（8）
原封	（6）	致使	（5）
援手	（1）	窒息	（7）
源头	（6）	稚气	（6）

终极	(5)	资深	(3)
肿瘤	(5)	滋味	(1)
中标	(3)	滋养	(2)
众所周知	(5)	自成一派	(3)
重力	(2)	自律	(8)
周遭	(1)	自食其果	(2)
诸多	(5)	自知之明	(5)
主导	(4)	自传	(3)
主心骨	(7)	奏效	(1)
注定	(4)	阻挡	(2)
装点	(6)	组建	(2)
缀	(7)	祖宗	(7)
准则	(7)	尊崇	(6)
灼热	(6)	尊严	(6)
着眼	(7)	作为	(1)
咨询	(3)	坐享其成	(6)